# 12 Segredos Simples da Felicidade num Mundo Caótico

# 12 Segredos Simples da Felicidade num Mundo Caótico

PENSAMENTOS TRANQÜILOS,
MENOS STRESS

Glenn Van Ekeren

*Tradução*
CLAUDIA GERPE DUARTE

EDITORA CULTRIX
São Paulo

Título do original: *12 Simple Secrets of Happiness in a Topsy-Turvy World*.

Copyright © 2002 Glenn Van Ekeren

Todos os direitos reservados. Nenhuma parte deste livro pode ser reproduzida ou usada de qualquer forma ou por qualquer meio, eletrônico ou mecânico, inclusive fotocópias, gravações ou sistema de armazenamento em banco de dados, sem permissão por escrito, exceto nos casos de trechos curtos citados em resenhas críticas ou artigos de revistas.

Para maiores informações sobre os seminários e outros produtos de Glenn Van Ekeren entre em contato com:
Glenn Van Ekeren — 21134 Arbor Court
Elkhorn, Nebraska 68022
402-289-4523

O primeiro número à esquerda indica a edição, ou reedição, desta obra. A primeira dezena à direita indica o ano em que esta edição, ou reedição, foi publicada.

| Edição | Ano |
|---|---|
| 1-2-3-4-5-6-7-8-9-10 | 03-04-05-06-07-08-09-10 |

Direitos de tradução para a língua portuguesa
adquiridos com exclusividade pela
EDITORA PENSAMENTO-CULTRIX LTDA.
Rua Dr. Mário Vicente, 368 — 04270-000 — São Paulo, SP
Fone: 272-1399 — Fax: 272-4770
E-mail: pensamento@cultrix.com.br
http://www.pensamento-cultrix.com.br
que se reserva a propriedade literária desta tradução.

*Impresso em nossas oficinas gráficas.*

# AGRADECIMENTOS

Dedico este livro a meu pai, Delmar Van Ekeren, e a meu sogro, Jon McClure, que lutaram corajosamente contra o câncer. Eles amavam apaixonadamente a vida e, embora o câncer lhes tenha tomado a vida, seu legado continua vivo no espírito e na memória.

# SUMÁRIO

AGRADECIMENTOS   5
INTRODUÇÃO   13

VIVA A VIDA NA SUA PLENITUDE   15
    Viva no "agora"   16
    Aprenda a relaxar   20
    Mantenha-se firme no seu propósito   22
    Solte-se! Seja mais descontraído! Viva intensamente!   25

ELIMINE O *STRESS* DO SEU *STRESS*   29
    Como evitar a ansiedade e o cansaço   30
    Pequeno manual do *stress*   34
    A sobrevivência dos estressados   37

ACOLHA A MUDANÇA   47
    Aproveite a vida nas ocasiões de mudança   48
    Doe-se   54
    Comprometa-se com um estilo de vida aberto à
    mudança   57

BUSQUE NOVOS HORIZONTES 61

Fique atento às oportunidades 62

Avance corajosamente rumo ao desconhecido 65

A diversão está no desafio 70

Gordo demais para voar 72

CULTIVE UM ESPÍRITO DIVERTIDO 75

Renove a criança que existe em você 76

Fique atento aos momentos engraçados da vida 79

Pense de um modo engraçado 81

Esteja disposto a rir de si mesmo 83

TIRE O MELHOR PROVEITO DO PIOR 85

Não se recrimine 86

A vida pode ser frustrante 91

Como sair do fundo da lata 99

REPENSE SUAS OPINIÕES    103
Acentue o que é positivo    104
Rompa as correntes    107
Não polua o ambiente    110
Procure o azul do céu    114

PERMANEÇA EQUILIBRADO    119
Olhe para as coisas irritantes da vida a partir de uma
perspectiva mais ampla    120
É hora de lidar com a sobrecarga    123
Aperfeiçoe suas habilidades e continue a aprender    127

VÁ AO ENCONTRO DO SEU OBJETIVO!    131
Resista ao comodismo    132
Exercite a mente    135
A solução criativa dos problemas    142
O sucesso está logo depois da curva    143
Qual é o seu segredo, sr. Smith?    146

PODERIA SER PIOR    149

Aprenda a esperar (e desfrutar) o inesperado    150
Persevere nos momentos de turbulência    153
Reconheça o valor do bagre    157
Transponha o muro da adversidade    159

VIVA PARA APRENDER E APRENDA PARA VIVER    163

É proibido acomodar-se    164
Seja curioso    166
Você é bem informado?    170
Estimule o seu espírito inovador    174

ASSUMA O COMANDO DO SEU FUTURO    177

A vida é vida    178
Escolha a sua resposta    181
Crie um credo de sua escolha    184
Insista na responsabilidade interior    188

SOBRE O AUTOR    191

# 12 Segredos Simples da Felicidade num Mundo Caótico

# INTRODUÇÃO

Vivemos num mundo cheio de *stress*. O dia de hoje não nos dá a garantia de repetir o de ontem, e o futuro não é o que costumava ser. Os tempos estão mudando muito rápido. O ritmo da vida está cada vez mais intenso. As pessoas estão presas no meio de um turbilhão de mudanças esperando a volta "dos bons tempos de outrora", mas estes não têm a menor intenção de retornar.

Não seria ótimo se pudéssemos eliminar o *stress*, a pressão e os problemas da vida? Surpresa! Isso não seria nada bom. Realizaríamos muito pouco, não haveria desafios que nos ajudassem a crescer, e a vida se tornaria monótona. O *stress*, a adversidade, os obstáculos e a mudança são uma parte natural, e com freqüência desejável, da vida. A melhor maneira de sobreviver e prosperar hoje em dia é criar a vida que queremos apesar das circunstâncias que nos cercam.

Cada texto apresentado neste livro tem o objetivo de ajudá-lo a assumir o comando da sua vida. As histórias da vida real, as citações, as doses de humor e as práticas inspiradoras vão encorajá-lo a destacar-se em todos os aspectos da sua vida. Você descobrirá uma sabedoria intemporal que o suprirá de percepções intuitivas atualizadas para que você possa alcançar níveis de sucesso mais elevados na vida.

Você sentirá que tem o poder de influenciar a maneira como seu dia e sua vida se desenrolam.

Não é preciso sentir-se esgotado, desgastado, sobrecarregado ou simplesmente exausto. Você pode tirar o melhor do mundo em constante modificação dos nossos dias, aprender a tirar partido das oportunidades geradas pela mudança e criar um futuro mais brilhante. Aprenda a prognosticar, aceitar, adaptar e até mesmo abraçar os desafios da mudança. Descubra as habilidades e as atitudes necessárias para lidar com os altos e baixos do dia-a-dia. Assuma o comando das suas ações e reações, bem como das situações que atualmente atrapalham sua capacidade de aproveitar a vida ao máximo.

Espero que a leitura de cada texto apresente um desafio para você, servindo de estímulo e motivação. Leia um por dia ou devore o livro inteiro de uma tacada. De qualquer modo, é praticamente certo que você conquistará a inabalável confiança e determinação de tornar sua vida hoje um pouco melhor do que ela foi ontem.

# VIVA A VIDA NA SUA PLENITUDE

✳

*A palavra "agora" desempenha um importante papel na minha vida. Não estou particularmente interessada no planejamento de dez anos. O que quero realmente saber é o que estou fazendo hoje. Hoje é um bom dia? E, por incrível que pareça, quase todos os dias são bons dias.*

**LINDA ELLERBEE**

# VIVA NO "AGORA"

*Você não precisa ser inteligente, bonito ou rico para conseguir o que quer na vida. Existem muitas situações que você pode usar como desculpa para vencer ou fracassar. Escolher ser responsável pela sua vida faz que você assuma o controle dela.*

W. MITCHELL

✳

Garfield e seu dono, Jon, foram retratados numa das suas típicas conversas nos quadrinhos. Jon está numa disposição de ânimo filosófica e questiona se terá ou não vivido vidas anteriores.

Garfield lança para Jon um olhar do tipo "você só pode estar brincando", já que ele duvida seriamente da possibilidade da reencarnação de Jon e expressa essa opinião nas palavras que dirige a ele: "Você não está vivendo nem mesmo esta vida."

Jon não está sozinho. Algumas pessoas vivem tão preocupadas com possíveis vidas "anteriores" ou na expectativa de vidas "futuras" que se descuidam desta vida. Elas ficam obcecadas com "o que poderia ter sido" ou com "o que poderá ser" e se tornam alheias ao "que é".

Sou bastante consciente de como pode ser saudável aprender com o passado e evoluir a partir dele. Também acredito intensamente em viver dentro de uma visão de futuro que escolho para a minha vida. Com efeito, os momentos em que me sinto mais feliz são aqueles em que estou perseguindo meus sonhos de uma vida melhor. Sinto-me cheio de energia por saber exatamente qual a direção que eu quero que minha vida siga. No entanto, eu vivo plenamente o momento presente para tornar essas aspirações uma realidade.

Presenciei diretamente o que acontece às pessoas que estão de tal modo presas ao passado que hoje dificilmente poderíamos caracterizá-las como tendo uma vida. Eu me vi diante de pessoas cuja vida era impulsionada pela sobrevivência. As pessoas no mundo normal se vêem presas na rotina, mas no sistema penal a rotina se transforma num túmulo. Ellen Glasgow disse: "A única diferença entre um sulco e um túmulo é a dimensão de cada um." Muitas das pessoas com quem eu trabalhei haviam cavado para si mesmas um buraco muito pequeno que sufocava a esperança na vida delas.

Os prisioneiros raramente tiram proveito do sistema estruturado que lhes permitiria deixar o passado para trás e trabalhar para melhorar a qualidade de sua vida. Quando são condenados no tribunal, uma estrutura mental extremamente restrita passa a dominar a vida deles. A liberdade desaparece. A dignidade pessoal diminui. As atividades do dia são impostas a eles. A identidade pessoal é substituída por uniformes penitenciários. Isso não é viver — é existir. E depois, uma vez no sistema, poucos escolhem escapar do túmulo que eles mesmos construíram, mesmo depois de cumprir a pena.

Também passei vários anos trabalhando com jovens delinqüentes. A diferença entre essa população e as pessoas que tinham permanecido um longo tempo no sistema penitenciário é que eu sempre acreditei que havia um raio de esperança para esses jovens. Talvez eles ainda não tivessem sido doutrinados para um estilo de vida irresponsável. A meta era sempre ajudá-los a viver cada dia dentro de diretrizes aceitáveis e gerar o desejo interior de manter a esperança de uma vida melhor. Esta pode parecer uma tarefa razoável, mas você ficaria impressionado com o número de jovens que tinham uma ligação firme e se sentiam à vontade com o fracasso. A proposta de ajudá-los a mudar a imagem que tinham de si mesmos, para que pudessem começar a acreditar que uma vida melhor era possível, era bem difícil.

Eu saí dessas experiências profissionais com a convicção de que:

1. Quanto mais cedo na vida fazemos as pessoas entrar em contato com o valor da vida, mais chances temos de ajudá-las a viver no "agora".

2. Quando caímos na rotina e passamos a rejeitar a idéia de assumir a responsabilidade pela nossa vida, pouca esperança resta de melhorarmos a qualidade dela.

3. As pessoas que vivem numa prisão literal, mental ou emocional, raramente aceitam a responsabilidade pela situação em que vivem.

4. Aqueles que querem fazer o que têm vontade de fazer na hora que bem entendem freqüentemente acabam em lugares onde as pessoas lhes dizem o que, quando e como fazer, e também se eles vão ou não um dia fazer de novo o que querem.

5. As pessoas que acham que não têm um valor intrínseco e não se consideram dignas de amor e respeito raramente desenvolvem uma visão positiva da vida.

A única maneira de viver no "agora" é aceitar cada minuto do dia como um momento precioso que não pode ser repetido. Trata-se de um presente valioso do qual temos a obrigação de tomar posse. Ame o seu trabalho. Aproveite o seu divertimento. Ria com freqüência. Lembre-se com prazer os bons momentos. Derrame lágrimas nos momentos de tristeza. Acredite que o que acontece hoje é uma preparação para os desafios, as oportunidades e as possibilidades que você irá encontrar amanhã.

# APRENDA A
# RELAXAR

*Quando seguro o volante com muita força, percebo que perco o controle.*

STEVE RAPSON

Quando eu estava no terceiro ano do ensino médio, tive a sorte de conseguir um emprego num lava-rápido que tinha um equipamento dos mais modernos na época. O processo envolvia uma operação de alta tecnologia, com escovas giratórias macias, cilindros que empurravam o veículo automaticamente para a frente e um secador de alta potência. (Se a operação não dá a impressão de ser de alta tecnologia, por favor, lembre-se de que isso aconteceu em 1969.)

Os clientes adoravam o resultado final, mas muitos tinham dificuldade com a automação. "Por favor, feche todas as janelas, leve o carro para a frente até a luz vermelha piscar, ponha o carro em ponto morto e deixe a máquina fazer o resto" — eram as instruções que eu dava a cada cliente.

Tudo corria como planejado até que a esteira começava a empurrar o carro para a frente e um jato repentino de água e sabão obstruía a visão das pessoas. Com freqüência, os clientes pisavam no freio, buzinavam freneticamente e até mesmo tentavam manobrar o carro, muitas vezes forçando os pneus contra os trilhos.

Eu não consigo me lembrar do número de vezes em que eu era forçado a desligar a máquina e ir falar com o motorista, patinando na água com sabão que pingava, para lembrá-lo que ele precisava relaxar e deixar a máquina fazer o trabalho. Logo o carro seria lançado no mundo exterior — lavado, polido e seco.

O número de pessoas que voltavam na semana seguinte e repetiam o mesmo comportamento era impressionante. Algumas conseguiam ajustar-se rapidamente à idéia de desistir de controlar o carro, mas a maioria tinha dificuldade para confiar numa máquina. Ironicamente, quanto mais elas tentavam controlar a situação, mais desastroso era o resultado.

Embora eu nunca tenha tido dificuldade com uma lavagem de carro, já senti emoções semelhantes em outras situações da vida. Quando eu me sinto confiante e no controle da situação, as coisas parecem correr com tranqüilidade. No entanto, quando minhas energias estão canalizadas para acontecimentos que estão fora do meu controle, fico frustrado, entro em pânico e tenho vontade de puxar o freio ou dirigir os meus passos para me livrar da dificuldade.

Há momentos na vida em que seguimos as instruções, nos preparamos o melhor que podemos e alinhamos nossos pensamentos, atitudes e sentimentos com o que a situação exige. Estamos no controle. Existem, no entanto, outros fatores, como as outras pessoas, circunstâncias atenuantes ou obstáculos inesperados, que surgem ameaçadores. Percebemos, de repente, que os planos mais cuidadosamente elaborados não são suficientemente adequados. Relaxe.

Às vezes, tudo o que você pode fazer é tudo o que você pode fazer. Pense na situação de uma maneira sensata e razoável, concentre-se nas coisas que você tem alguma capacidade de controlar e não segure o volante com tanta força. Você talvez se surpreenda ao constatar que saiu do outro lado com um polimento perfeito.

> *Eu gosto de viver. Já houve vezes em que me descontrolei, me desesperei, me senti totalmente miserável, atormentada pela dor, mas mesmo com tudo isso ainda sei com certeza que é magnífico estar viva.*
>
> AGATHA CHRISTIE
>
>

# MANTENHA-SE FIRME
# NO SEU PROPÓSITO

*Nada contribui tanto para tranqüilizar a mente do que um firme propósito — um ponto no qual a alma possa fixar o olho da mente.*

MARY SHELLEY

Você não precisa procurar um profeta ou um adivinho para prever o seu futuro. Eu posso fazer isso para você. Responda à seguinte pergunta: qual é o seu objetivo na vida e que planos você fez para alcançá-lo?

Você não acreditaria na variedade de respostas que recebi a essa pergunta. Algumas pessoas simplesmente querem existir; outras querem ter muito dinheiro e sucesso; outras ainda têm uma atitude quase mística diante da pergunta. Não leve a pergunta para o lado filosófico. O que você quer da vida? Qual a sua meta suprema? O que você deseja ardentemente ser e alcançar? Para mim, a pergunta que resume tudo de uma maneira sensata e razoável é a seguinte: O que impulsiona a sua vida?

Harold Kushner escreveu: "Nossa alma não tem sede de fama, conforto, riqueza ou poder. Essas recompensas geram quase tantos problemas quanto solucionam. Nossa alma tem sede de significado, da sensação de que descobrimos um modo de vida que dá significado à nossa existência, que faz com que o mundo fique pelo menos um pouco diferente por termos passado por ele."

Madre Teresa foi um exemplo maravilhoso do conselho de Kushner. Ela não planejou uma carreira na qual ajudaria os pobres. Na verdade, durante vinte anos ela foi professora das crianças mais ricas de Calcutá, na Índia. O fato de ela morar num bairro rico, que dava vista para uma favela situada mais embaixo, a mantinha encerrada numa vida confortável.

Ao caminhar certa noite pelas ruas do bairro pobre, ela ouviu uma mulher gritar por ajuda. Quando a moribunda caiu nos seus braços, a vida de Madre Teresa mudou para sempre. Ela descobriu o objetivo de sua vida.

Levou às pressas a mulher para o hospital, onde lhe disseram que se sentasse e esperasse. Ciente de que a mulher precisava desesperadamente de assistência médica, Madre Teresa a levou para outro hospital, onde também lhe disseram que ela teria de esperar. Madre Teresa finalmente compreendeu que a mulher não estava sendo atendida por causa da condição social dela, de modo que a levou para casa, onde, mais tarde, a moribunda morreu nos seus braços.

Foi então que essa mulher de extraordinária coragem e compaixão fez o juramento de que não permitiria que isso acontecesse nunca mais. Ela dedicou a vida a aliviar a dor dos que sofriam, e seu objetivo passou a ser fazer que as pessoas que estavam sofrendo sobrevivessem, ou ao menos morressem com dignidade. Um sem-número de pessoas tem sido tratado com amor e respeito, como nunca havia sido antes, por causa de Madre Teresa.

Duvido que Madre Teresa um dia tenha acordado de manhã e tenha dito: "Mais um dia repugnante nas ruas de Calcutá." De jeito nenhum. Cada minuto de cada dia da sua vida era impulsionado por um objetivo específico.

Um propósito nos dá uma razão significativa e gratificante para viver. Ele nos mantém atentos às prioridades da nossa vida e aumen-

> *As pessoas bem-sucedidas têm um forte propósito. Forte o suficiente para fazer com que elas criem o hábito de fazer coisas que não gostam de fazer para alcançar o propósito que querem realizar.*
>
> CONDE NIGHTINGALE

✳

ta nossa tolerância para com a ambigüidade. Um objetivo imperioso fornece a motivação para fazermos as coisas que não gostamos de fazer, mas que precisamos fazer para nos aproximarmos do nosso propósito. A flexibilidade aumenta à medida que uma renovada expectativa positiva do futuro nasce. Este é o poder de viver uma vida com objetivo e significado.

Um objetivo sempre permite que você encare a mudança de maneira sensata e razoável. Aqueles que têm uma forte noção de seu propósito e compromisso, que sempre encaram a mudança como um desafio a ser dominado, e não como uma ameaça, não são esmagados pelo *stress* da mudança.

James Allen provavelmente disse a mesma coisa de um jeito melhor: "Aqueles que não têm um objetivo central na vida são facilmente atormentados por preocupações banais, receios, problemas e pela autocomiseração, o que resulta em fracasso, infelicidade e perda ... porque a fraqueza não pode persistir num poderoso universo em evolução." Se tudo que você fizer for reagir à mudança baseado nas suas emoções, a sobrevivência se tornará sua meta primordial. O propósito dá a orientação necessária para que você compreenda o mundo irracional e às vezes imprevisível, no qual você vive.

O desafio não é criar um objetivo e sim *descobrir* o objetivo que já existe dentro de você. O fato de você se manter firme em seu propósito dará origem a uma vida plena, apesar da profusão de eventos que tentam manipulá-lo. Orison Swett Marden acreditava que "Não existe no mundo visão mais grandiosa do que a da pessoa inflamada por um grande propósito, dominada por um objetivo inabalável."

## SOLTE-SE! SEJA MAIS DESCONTRAÍDO! VIVA INTENSAMENTE!

Se você quiser melhorar sua qualidade de vida, ouça com atenção: desenvolva seu senso de humor. "Roger Ailes escreveu o seguinte em um artigo da revista *Success* intitulado "Seja mais descontraído: As pessoas inflexíveis e presunçosas têm carreira curta": "O único conselho de que alguns dos meus clientes precisam quando me procuram pode ser resumido em três palavras: seja mais descontraído. É irônico, mas sua carreira pode depender de você encarar com seriedade a idéia de se levar menos a sério."

Nossa tendência para uma sofisticação gravemente formal e hipócrita com relação à vida precisa de uma injeção saudável de humor contagiante.

Uma pesquisa de opinião realizada pela revista *Entertainment Weekly* revelou que 82% das pessoas que vão ao cinema querem rir, 7% querem chorar e 3% querem gritar. Eu decididamente me encontro na faixa dos 82%. Quando vou ao cinema, normalmente procuro as comédias. Os filmes de ficção científica me dão dor de cabeça. Os de suspense fazem meu estômago se contrair. Os dramas são deprimentes demais. Mas as comédias estimulam meu sistema imuno-

> *O humor é a melhor coisa, aquela que nos salva. No minuto em que ele se manifesta, toda nossa irritação e ressentimento desaparecem, e um espírito radiante toma o lugar deles.*
>
> MARK TWAIN

lógico. Além disso, quando estou rindo, consigo pôr de lado as preocupações mundanas porque é realmente impossível pensar em outra coisa.

Numa sexta-feira à noite, na hora do jantar, recebi um telefonema do meu irmão. Eu estava esperando ansioso por esse telefonema. Meu pai não andava se sentindo bem, e o médico havia solicitado uma série de exames. O nível de ferro no organismo do meu pai estava baixo, e, além disso, o médico não estava satisfeito com os caroços que percebera no abdômen dele.

O telefonema confirmou meu maior receio. "Tenho más notícias, Glenn", disse Joel. "Papai está com câncer." Após um silêncio desagradável, eu perguntei: "Quando você quer que eu vá para aí?" Resolvemos que eu iria na manhã seguinte, para acompanhar meu pai durante uma série de exames destinados a confirmar as suspeitas do médico e determinar um plano de ação.

Minha esposa estava participando de um retiro de mulheres, e meus filhos iam passar a noite fora. O que fazer a noite inteira? Como passar o tempo durante todas aquelas horas que eu teria de esperar sabendo que não havia nada que eu pudesse fazer? Estou certo de que você já sentiu alguma vez esse sentimento de desamparo.

O bairro onde morávamos na época só tinha um cinema com uma única sala de projeção. Durante 107 minutos minha mente ficou ocupada com os comentários engraçados, a trama e o conteúdo do filme. Não era uma fita particularmente boa, mas as situações humorísticas possibilitaram que eu suavizasse, mesmo que por um curto período, a intensidade das minhas emoções.

Os dias que se seguiram trouxeram muitos momentos tristes, emocionados e angustiantes. De repente me vi tentando inserir o humor em qualquer ocasião em que essa atitude fosse pelo menos um pouquinho apropriada. Os pequenos risos e as grandes gargalhadas suavizaram o medo, reduziram o *stress* e trouxeram conforto durante momentos de tensão. Em família, fomos capazes de desviar a atenção da dor, do medo e da peça que a vida nos pregara. O humor não trazia uma cura permanente, mas certamente produzia um alívio temporário.

"Já vi o que o riso é capaz de fazer", comentou Bob Hope. "Ele pode transformar lágrimas quase intoleráveis em algo suportável, quase auspicioso."

O riso é um remédio barato. Ele distrai nossa atenção, muda nossa atitude e perspectiva diante da vida, produz o relaxamento e reduz a tensão, ao mesmo tempo que faz aumentar a produção dos analgésicos naturais do corpo. Em resumo, o riso relaxa a tensão e provoca uma sensação de bem-estar. Ele nos permite tirar uma breve folga da seriedade, da dor e da tensão. A capacidade de rir é um indício certo de que vivemos uma vida saudável. É um presente que damos a nós mesmos.

Gosto da maneira como Josh Billings se referiu ao assunto: "A medicina não tem muita diversão, mas a diversão contém uma enorme quantidade de remédios." Norman Cousins também fez um comentário a respeito de outro benefício do riso: "Nunca vi alguém que soubesse dar boas risadas ter prisão de ventre." Para mim, esse resultado parece benéfico.

O humor e seu companheiro inseparável, o riso, trazem ainda outros benefícios. Eles reduzem a tensão nos momentos de mudança,

> *Prestem atenção às minhas palavras: quando uma sociedade precisa recorrer ao banheiro para o seu humor, a situação é de calamidade.*
>
> ALAN BENNETT

são estabilizadores emocionais durante a adversidade, estimulam a criatividade e têm a excelente capacidade de nos lembrar de que devemos viver com entusiasmo. Do ponto de vista médico, sabemos que o riso aumenta a produção de endorfinas, substâncias que potencializam a nossa energia e a nossa resistência.

# ELIMINE O *STRESS* DO SEU *STRESS*

✳

*A vida se reduz ao trabalho, às tarefas,
ao esforço, a uma lista interminável
de obrigações e deveres ...
menos o divertimento e o riso
necessários para manter
tudo em equilíbrio.*

CHARLES SWINDOLL

# COMO EVITAR A
# ANSIEDADE E O CANSAÇO

*O stress é um assunto interior! Ele é causado pelo que acontece entre os seus ouvidos, pela maneira como você vê os acontecimentos, como pensa neles e como reage a eles.*

JOHN NEWMAN,
*How to Stay Calm & Collected When the Pressure's On*

※

Para um grande número de pessoas, o *stress* da vida destruiu sua habilidade de fazer o melhor que podem, ser o melhor que podem e apreciar as atividades do dia-a-dia.

Podemos aprender uma lição maravilhosa com o equilibrista de circo. Cada movimento é feito com precisão e maestria, mas o observador casual pode não reconhecer os principais componentes de uma apresentação bem-sucedida.

O equilibrista se concentra basicamente em manter o equilíbrio. Ele dá cada passo tocando cuidadosamente o dedão do pé no arame e mantendo os olhos fixos no seu objetivo.

O equilíbrio e foco são necessários para que tiremos proveito dos elementos produtivos do *stress* e evitemos ser esmagados pelo *stress* negativo.

## ESTRATÉGIAS DE CONTROLE DO *STRESS*

1. **Coloque-se no lugar do motorista.** As pessoas emocionalmente saudáveis tendem a manter um elevado grau de con-

trole sobre o que acontece em sua vida. Sentir que você está no controle ajuda a reduzir a sensação de *stress*. Você talvez não seja capaz de controlar os eventos da vida, as exigências das pessoas ou a pressão do trabalho, mas você pode decidir como vai reagir a essas situações.

2. **Persiga apaixonadamente seu objetivo.** Certo artigo na revista *Success* mencionou o seguinte: "Aqueles que têm uma sensação de propósito e compromisso, que encaram a mudança como um desafio em vez de uma ameaça, não são negativamente afetados pelo *stress*." Uma missão pessoal acrescenta direção, significado e um elemento fortalecedor durante os momentos de *stress*. Na ausência de um objetivo, os eventos estressantes nos desequilibram.

3. **Execute seu plano.** Cuide de uma coisa de cada vez. Evite procrastinar. Conclua as tarefas incompletas. Escolha como passar o tempo. Determine suas prioridades e tome providências para que elas sejam inseridas na sua programação semanal.

4. **Encare seus problemas de uma maneira sensata e razoável.** Michael LeBoeuf acredita no seguinte: "Quase todo *stress* é causado por pessoas que exageram a importância dos seus problemas." Os problemas são lamentáveis, mas a maioria deles não é catastrófica. Use seus talentos, habilidades, qualidades e energia para tirar o melhor proveito possível dessas situações difíceis. Desmembre os problemas em partes controláveis e ponha-se em campo para resolvê-los.

5. **Torne-se um *kookaburra*.** Um o quê? O *kookaburra* é um pássaro australiano conhecido pelo som de risada profunda que ele emite. Quando foi a última vez que você deu uma boa gargalhada? Estima-se que as crianças em idade pré-escolar riem cerca de 450 vezes por dia, e os adultos, quinze. Quem leva uma vida mais relaxada e saudável? Nós baixamos nosso nível de *stress* cada vez que rimos.

6. **Não se sufoque.** A palavra *worry* ("preocupação" em inglês) tem origem anglo-saxônica e significa estrangular ou sufocar. A preocupação restringe sua capacidade de pensar e agir com eficácia. A melhor cura que conheço para a preocupação é a ação. Quando fazemos alguma coisa a respeito daquilo que nos preocupa, os efeitos sufocantes desnecessários da preocupação começam a perder o seu poder. Ralph Waldo Emerson disse o seguinte: "Faça aquilo que você mais teme, e a morte do medo é certa."

7. **Preste atenção ao que você está dizendo.** As conversas que temos com nós mesmos e a maneira como percebemos os eventos provocam um *stress* excessivo. Nós nos tornamos o que pensamos, e a forma como percebemos qualquer evento determina a maneira como reagiremos a ele. Nunca subestime o poder dos pensamentos, expectativas e crenças habituais que você tem na mente.

8. **Como é? Você está se divertindo?** A diversão é um afastamento da norma que nos tira da rotina criada pelos fatores estres-

santes da vida. Então, quando foi a última vez que você escapou da rotina e realmente se divertiu a valer?

9. **Forme um bom grupo de amigos.** Concentre-se em criar relacionamentos de qualidade. Desista de julgar, criticar, guardar ressentimento, competir desnecessariamente e coisas semelhantes. Conquiste a amizade do seu vizinho, diga algo agradável para todas as pessoas que encontrar, ajude alguém a resolver um problema.

10. **Cuide da sua manutenção.** Quase todas as pessoas cuidam melhor do carro do que de si mesmas. Para manter seu corpo bem regulado, aprenda a relaxar, suspenda temporariamente suas atividades, faça exercício, crie uma reserva de energia alimentando-se adequadamente, reconheça seus limites, elimine o perfeccionismo e as expectativas irreais, e liberte as emoções conversando com bons amigos.

11. **Veja riachos no deserto.** Veja a vida de uma maneira sensata e razoável. Concentre-se no que é positivo. Encare os erros e os fracassos como oportunidades. Desenvolva e alimente o seu entusiasmo. Veja algo bom em todas as suas experiências. Persevere nos momentos difíceis, porque dias melhores virão. Cada dia é um novo dia. A vida sempre terá altos e baixos.

# PEQUENO MANUAL
## DO *STRESS*

> *As causas mais freqüentes do stress são a incapacidade de adaptação e o fato de não termos estabelecido um código de comportamento destinado a guiar nossas ações.*
>
> DR. HANS SEYLE

*Stress* é uma palavra gasta, mal-empregada e excessivamente aplicada nas nossas conversas do dia-a-dia. Mas o que é na verdade o *stress*? O dr. Hans Seyle, principal pesquisador do controle do *stress*, disse: "O *stress* é o desgaste do corpo causado pelos eventos da vida." Ele é a reação física, mental e química do corpo às circunstâncias que nos assustam, estimulam, confundem, ameaçam e irritam.

Centenas de experiências da vida causam *stress*. Esses fatores estressantes produzem o *stress* bom e o *stress* mau. Nosso corpo foi projetado para enfrentar esses fatores, mas cada pessoa precisa determinar qual a quantidade adequada de *stress* para que ela funcione em seu nível ótimo.

*Stress* de menos causa irritação, tédio, inércia e apatia. O excesso de *stress* pode produzir resultados semelhantes, além da sensação de opressão.

O dr. Seyle acreditava que as causas mais freqüentes do *stress* são a incapacidade de adaptação e o fato de não termos estabelecido um código de comportamento destinado a guiar nossas ações.

Adaptação? Há centenas de milhares de anos, este planeta era habitado por dinossauros, e nunca mais vimos na terra animais desse tamanho. Alguma coisa aconteceu então. Num intervalo de tempo relativamente curto, todos eles praticamente desapareceram.

Os dinossauros, devido à sua incapacidade de se adaptar a um mundo em transformação, tornaram-se extintos.

Uma outra criatura viveu durante a era dos dinossauros. Essa espécie continua viva hoje em dia devido à sua capacidade de adaptação. Estou me referindo aos sapos. Exatamente, essas criaturas anfíbias e adaptáveis sobreviveram às mudanças.

Antes que fiquemos entusiasmados demais com a idéia de adaptação, não devemos nos esquecer da segunda causa do *stress*: não ter um código de comportamento estabelecido que guie as nossas ações.

Numa experiência de laboratório, alguns sapos foram colocados em recipientes rasos com água à temperatura ambiente. Eles eram livres para saltar para fora do recipiente se o desejassem. Debaixo de cada recipiente havia um bico de Bunsen, que aquecia a água bem lentamente. À medida que a temperatura ia subindo, os sapos iam se adaptando. Lamentavelmente, por mais quente que a água ficasse, o desconforto dos sapos nunca era intenso o suficiente para fazer com que eles pulassem para fora do recipiente.

O que aconteceu então? Os sapos morreram porque não tinham um código de comportamento que lhes dissesse que eles tinham de saltar.

Analogamente, precisamos aprender a determinar o ponto no qual já suportamos o suficiente. A adaptação é maravilhosa, mas não quando é desprovida de um código de comportamento que nos diga que está na hora de saltar. Esse mesmo código é um sinal que nos diz que é chegada a hora de entrar em ação e lidar com os fatores estressantes que agora ameaçam a nossa existência saudável.

*Ando muito cansada e rabugenta. Muitas noites meu marido e eu comemos apenas casca de queijo e atum direto da lata porque a geladeira está vazia. Não tenho energia para cozinhar e acho que vou perder o meu marido porque ele só come sanduíche de atum.*

CANDICE BERGEN

O dr. Paul Rosch, do American Institute of Stress, diz o seguinte: "A resposta para o controle do *stress* é compreender que o *stress* é uma conseqüência inevitável da vida." O *stress* é um dado da vida, mas o seu impacto sobre nós é determinado pela maneira como reagimos às experiências estressantes.

Lidar com o *stress* é um assunto interior. Adapte-se a ele, aprenda com ele, desfrute os resultados positivos que ele pode produzir, mas tome cuidado para não se deixar queimar por ele.

# A SOBREVIVÊNCIA DOS ESTRESSADOS

De acordo com a CNN, 28% da força de trabalho dos Estados Unidos optou por uma redução do salário em 1998 para ter mais tempo livre, reduzir o *stress* e viver uma vida mais equilibrada.

A Associated Press informou recentemente que o medicamento para úlcera Prilosec® foi a primeira droga vendida com retenção da receita médica a atingir a casa dos 5 bilhões de dólares em vendas. O Prilosec® ultrapassou as vendas da droga Zolor®, a segunda colocada, em 1,1 bilhão de dólares, bem como o amplamente divulgado Viagra®, em mais de 4 bilhões.

Uma pesquisa realizada pela National Mental Health Association revelou que o custo da depressão no local de trabalho ultrapassa hoje 40 bilhões de dólares anuais.

A revista *Business Week* estima que o custo das empresas relacionado com os problemas decorrentes do *stress* e das doenças mentais é de 150 bilhões de dólares por ano devido aos gastos com os planos de saúde, aos pedidos de licença médica, à perda da produtividade e outras despesas.

> *Há dias em que você doma o tigre e dias em que o tigre almoça você.*
>
> TUG MCGRAW

Esses fatos relacionados com o *stress* são suficientes para nos fazer ficar com dor de cabeça, o que também é muito comum. Estima-se que 15 *toneladas* de aspirina sejam consumidas diariamente.

O ritmo e o estado da nossa vida são ilustrados pela jovem mãe que telefonou no final da tarde para uma empresa de táxi. Quando o motorista chegou, ela se dirigiu para o carro com três crianças pequenas e as colocou no banco de trás. "Eu voltarei em poucos minutos, mas o senhor já pode ligar o taxímetro", disse ela ao chofer.

Vinte minutos depois a mulher voltou e perguntou: "Quanto lhe devo?"

O motorista, confuso, perguntou: "A senhora não vai a nenhum lugar?"

"Não", respondeu a mulher. "Eu só precisava ficar sozinha e ter alguns momentos de paz."

Você anda estressado? Irritado? Fatigado? Adiando as coisas que precisa fazer? Achando que chegou ao seu limite? Entediado? Cada vez com menos senso de humor? Emocionalmente esgotado? Preocupado? Junte-se à multidão. Essas conseqüências estão refletidas na vida das pessoas que lutam para manter o equilíbrio num mundo desequilibrado. "A realidade", diz Lily Tomlin, "é a principal causa do *stress* no caso daqueles que ainda estão em contato com ela."

Você ouviu todos os clichês. O *stress* é inevitável. Se você está vivo, certamente ficará estressado em algum momento. Os eventos ou situações que causam o *stress* podem ser agradáveis ou desagradáveis. Você não pode se esconder dele, fugir dele ou eliminá-lo. O *stress* é o desgaste da vida. Sua capacidade de lidar com ele de maneira eficaz é fundamental para o seu sucesso pessoal e profissional. E as pessoas no mundo todo disseram: "Tudo bem, mas e daí?"

A última coisa de que precisamos é uma nova maneira de apresentar o que todo mundo já sabe a respeito do controle do *stress*. Uma enorme quantidade de livros sobre o controle do *stress* foi escrita nos últimos anos e, mesmo assim, as conseqüências continuam a ameaçar a nossa vida. Precisamos fazer alguma coisa com as informações e o conhecimento que possuímos. Talvez possamos oferecer uma pequena ajuda prática para que você consiga aperfeiçoar a maneira como controla o seu *stress*, o que lhe permitirá trocar a mera sobrevivência por uma vida realmente significativa.

O Concorde é um avião fenomenal. Um tremendo calor é gerado do lado de fora quando ele voa a uma velocidade supersônica. A temperatura na parte externa do avião pode chegar a 127 graus, embora a temperatura do ar exterior seja de 56 graus negativos.

Esse aumento do calor faz que o avião se expanda e fique 23 centímetros mais longo à velocidade de cruzeiro. O chão no interior do avião tem um *design* exclusivo. Ele está assentado sobre cilindros e não se expande. Um sistema especial de refrigeração mantém constante a temperatura interna.

Embora a parte externa do Concorde sofra um tremendo *stress*, o interior do avião permanece confortável. A pessoa externa é continuamente pressionada, empurrada e comprimida por todos os lados. Temos que nos expandir para sobreviver, e o supremo desafio é manter a coragem, a calma e o bem-estar interiores.

A possibilidade de viver uma vida saudável está ao nosso alcance. Não é a situação do mundo que nos cria problemas, e sim aquilo que dizemos a nós mesmos a respeito do mundo. Os eventos, as circunstâncias e as exigências externas podem parecer esmagadores, mas o que realmente importa é o nosso estado interior.

Especialistas em comportamento humano já nos dizem há anos que três ações fundamentais são necessárias para fazermos mudanças na nossa vida. Primeiro, você precisa acreditar que a mudança é necessária. Segundo, você precisa acreditar que você é a pessoa que pode mudar sua vida. Terceiro, você precisa acreditar que a mudança é possível. Se você não acreditar firmemente nessas três coisas, achará muito difícil praticar um estilo de vida que lhe dê a sensação de controle.

Apresento a seguir nove princípios capazes de melhorar sua qualidade de vida, enriquecer sua carreira e reduzir o *stress*. Compare seu termômetro pessoal com esses parâmetros.

Preste atenção ao que as diferentes partes do seu corpo estão lhe dizendo. A cabeça, o coração e o estômago são barômetros embutidos. O fato de você reconhecer a presença do *stress* e ser sensível aos sinais de aviso do seu corpo lhe dará uma grande vantagem quando você quiser reduzir o dano causado pelo *stress*. Evitar os sintomas ou fingir que eles não existem não é sábio, sem mencionar que também não é saudável.

As pessoas freqüentemente relutam em admitir que estão se sentindo cada vez mais fatigadas, ansiosas, indefesas e exageradamente rabugentas, que estão tendo problemas digestivos ou sentimentos de depressão. A lista poderia continuar indefinidamente. Quando seu corpo enviar sinais de que algo está errado, preste atenção. Este é o seu sistema de alarme. Nem sempre os sinais significam que você está estressado, mas são uma dica bastante boa.

Insista numa perspectiva adequada. Os fatores estressantes da vida podem ser esmagadores, e minimizar a intensidade dos seus desafios demonstraria insensibilidade. No entanto, cada um de nós precisa reconhecer a tendência que tem de exagerar as situações e criar na mente as piores circunstâncias possíveis.

Earle Wilson definiu perspectiva como: "A capacidade de enxergar o momento atual e o evento imediato contra um fundo de referência mais amplo." Mantenha sua imaginação sob controle concentrando-se nos possíveis resultados favoráveis e examine as circunstâncias atuais tendo em mente a imagem maior. Quando parece impossível que a vida fique pior, procure descobrir a abundância de bênçãos que você desfruta.

Desista do que você não pode controlar. As pessoas que habitualmente se queixam de estarem exaustas por causa do *stress* são com freqüência aquelas que despendem uma energia considerável lidando com coisas que não têm como controlar. A vida delas é dirigida por coisas, pessoas e eventos a respeito dos quais elas nada podem fazer. O dr. Paul Rosch aconselha: "Descubra primeiro quais as coisas sobre as quais você pode ter algum controle e imagine maneiras criativas de assumir o controle."

Eis a ironia. A melhor maneira de estar no controle é desistir dele. Às vezes você não tem nenhum controle sobre uma situação e é um desperdício de energia física e psicológica tentar mudar o que você não pode modificar. Aceite este fato.

As pessoas que sentem que estão no controle compreendem que sempre têm o controle sobre a maneira como irão interpretar ou reagir aos eventos. Portanto, em vez de entregar o controle ao chefe, ao motorista maluco, ao tempo, aos desafios financeiros, às expectativas irrealistas ou às pessoas exigentes, a pessoa que está no controle determina uma reação que pode controlar, que minimiza um resultado doloroso. O dr. Gerald Loren Fishkin disse: "Você pode escolher ver a si mesmo como uma vítima indefesa que aponta o dedo da culpa na direção dos outros, mas ficar preocupado com o seu papel de 'vítima' faz que você não enxergue as oportunidades que existem em cada momento da sua vida."

Elimine o perfeccionismo porque ele é uma excelente maneira de aumentar o *stress*. De onde você tirou a idéia de que você pode ou deve ser perfeito? Quem lhe disse que tudo na vida tem de sair da maneira como você tinha planejado? O mundo hoje está totalmente voltado para a excelência do desempenho, e existe uma forte pressão nesse sentido, mas isso está muito longe de significar que as pessoas têm a obrigação de ser perfeitas. Faça o melhor possível com o que você tem. Seja realista a respeito do seu desempenho e das expectativas que você nutre com relação às outras pessoas. Relaxe seus padrões. Tenha um espírito capaz de perdoar os eventos indesejáveis e as pessoas que o desapontam.

Independentemente do que você pensar, você não é um super-homem capaz de pular por cima de prédios altos com um único salto e fazer que os juízes lhe atribuam uma nota 10. "Por mais admirável que seja a idéia", diz o dr. George Stevenson em *How to Deal with your Tension (Como Lidar com a Tensão),* "ela é um convite aberto ao fracasso. Ninguém pode ser perfeito em tudo. Decida quais as coisas que você faz bem e empenhe nelas o seu maior esforço ... não se censure se você não conseguir realizar o impossível."

O bem-estar espiritual precede o sentir-se bem. Este é um maravilhoso ponto de partida. Algumas pessoas têm a tendência de pensar que seus ombros são largos o suficiente para carregar qualquer fardo que encontrem pela frente. Na verdade, quando você entregar tudo para Deus e deixar que Ele trabalhe por seu intermédio, uma força incrível virá ajudá-lo a carregar sua parte da carga. A Bíblia diz o seguinte: "Colocai nas mãos de Deus vossas preocupações, pois é Ele quem cuida de vós." Deve ser um alívio saber que você não tem a obrigação de lidar sozinho com as pressões, os causadores de *stress* e os desapontamentos.

Corrie ten Boom sofreu terrivelmente nos campos de concentração por ter ajudado judeus a escaparem dos nazistas. Sua incrível fé possibilitou que ela fizesse a seguinte reflexão: "Eu sei que, quando deixamos que Deus use as experiências da nossa vida, elas se tornam a misteriosa e perfeita preparação para o trabalho que Ele nos entregará para que executemos." É isso que eu chamo de bem-estar espiritual.

Converse com alguém, mas não com qualquer pessoa. Não é preciso dizer que você deve evitar as pessoas negativas, preocupadas e infelizes, que acabarão com a pouca energia que lhe resta. Você deve escolher, de preferência, uma pessoa receptiva, que não seja crítica e esteja sinceramente interessada no que é melhor para você. Escolha um ouvinte que você respeite e com quem você possa discutir a fundo sua tensão.

Desista da alegação de que procurar ajuda é uma admissão de fraqueza. A verdade é exatamente o oposto. Somente os fortes têm a coragem de admitir que não têm todas as respostas e são seguros o suficiente para procurar a sabedoria das outras pessoas.

Você é responsável. Dê um impulso na sua vida compreendendo que ninguém virá em seu auxílio. Você é responsável por você. Raramente seus problemas desaparecerão se você fingir que eles não existem. Caso certos padrões de estilo de vida e comportamento estejam lhe causando dificuldades, assuma a responsabilidade de fazer os ajustes necessários. Não fique esperando que apareça alguém para salvá-lo. Você talvez tenha de esperar um longo tempo até alcançar um alívio satisfatório.

É um mistério o fato de as pessoas se entregarem continuamente a atividades mentais, emocionais e de comportamento que criam um *stress* indesejado na vida delas. Ou as pessoas acreditam que o que estão fazendo é efetivamente saudável, ou elas acham mais fácil permanecer no seu tormento do que fazer alguma coisa a respeito dele. Se você quer se libertar desse círculo vicioso, pergunte a si mesmo: "Que medidas eu posso tomar neste momento para melhorar esta situação?" E entre imediatamente em ação.

Olhe para fora. Uma infeliz conseqüência tem lugar quando você fica angustiado. Sua atenção se volta cada vez mais para dentro. Pensar na sua situação difícil e se concentrar em si mesmo se torna uma obsessão. No instante em que você sentir que isso está acontecendo, ponha-se em ação para ajudar outra pessoa. O dr. Hans Seyle, respeitado especialista em *stress*, disse o seguinte: "Conquiste o amor do próximo."

Faça todos os dias uma coisa para uma pessoa que ela não possa retribuir. Concentre-se em compreender e não em ser compreendido, em amar em vez de ser amado. Conte até mil antes de dizer ou fazer alguma coisa que possa magoar uma pessoa. Vá fazer as pazes com alguém cuja companhia você não tem desfrutado por causa da tensão. Pare de ficar pensando de quem é a vez de pedir desculpas. Diga: "Sinto muito, eu estava errado." Comemore o sucesso dos outros. Você ficará impressionado ao verificar o quanto ajudar outra pessoa o ajuda a curar a si mesmo.

Aproveite a vida. Este é o princípio supremo e o mais abrangente. Apreciar a vida envolve tudo, desde não fazer absolutamente nada até aprender a relaxar. Permita-se ter pensamentos positivos, cultive seu senso de humor e se obrigue a dar pelo menos uma boa gargalhada todos os dias. Passe 90% do seu tempo gerando soluções para os problemas que você encontra e ouse pensar em soluções criativas que até hoje você teve medo de tentar.

Tome um banho quente ou uma ducha fria, caminhe na chuva, corra na praia, respire profundamente, desfrute o nascer do sol, contemple o pôr-do-sol, comece um novo *hobby* e reviva um antigo, cuide de si mesmo comprando aquele objeto especial que você sempre quis ter, perca a hora de acordar, programe "um tempo só para você" e, provavelmente o mais importante de tudo, aprenda a viver um dia de cada vez.

*Desconfio que as pessoas ficam esgotadas e estressadas porque se deixam exaurir pelo que é banal e inconseqüente, e não porque tenham coisas demais para fazer.*

REV. LOUIS LOTZ

# ACOLHA A MUDANÇA

✳

*O simples fato de não conseguirmos enxergar com clareza o final da estrada não é motivo para não empreendermos a jornada essencial. Ao contrário, as grandes mudanças dominam o mundo, e, a não ser que avancemos com a mudança, nós nos tornaremos suas vítimas.*

**JOHN F. KENNEDY**

## APROVEITE A VIDA NAS OCASIÕES DE MUDANÇA

*Como quase todos nós temos pavor da mudança, lutamos contra ela ou nos recusamos a admiti-la, mesmo até o último olhar no caixão.*

GWENDOLYN BROOKS

A mudança é irritante, eu a detesto. Resisto a ela e, acima de tudo, quero que ela vá embora. Enquanto escrevo estas linhas, os líderes da nossa comunidade decidiram consertar uma rua entre minha casa e meu escritório. Eu posso tomar outros caminhos, mas me sinto mais à vontade no meu trajeto habitual. Continuo a pegar as ruas que dão para o desvio e fico sistematicamente aborrecido quando chego à rua interditada.

Eu sei, eu sei. Esta insignificante irritação não é nada em comparação com as mudanças de ordem pessoal e profissional que você está vivendo. No entanto, com freqüência não são as pequenas coisas que nos atingem? Expectativas não se realizam. O estado de coisas é abalado. Nossa situação de repente deixa de ser cômoda. Nada mais parece simples, e começamos a exagerar tudo o que está acontecendo.

Não é preciso um psiquiatra para nos dizer que todos desejamos ter na vida uma sensação de normalidade. Quantas vezes você já não ouviu um colega de trabalho, um parceiro ou um amigo dizer: "Mal posso esperar para as coisas voltarem ao normal"? A verdade é que as coisas não vão voltar ao normal! A mudança agora é a norma. Ela é um dado. Um modo de vida. Sinto muito pelas pessoas que acreditam que "Isso também passará!". O mundo não vai parar de mudar de repente para que possamos evitar a ambigüidade e a incerteza. O melhor que temos a fazer é aprender a conviver com a mudança e aproveitar a vida nesta época de transformação.

Pense no seguinte. Calcula-se que o total de informações disponíveis para sua profissão duplique a cada cinco anos. Isso significa que, se você se formou na faculdade há mais de cinco anos, *você costumava saber muita coisa.*

Considere ainda que uma pessoa comum na Inglaterra do século XVII, no decorrer de toda a sua vida, não tinha a menor probabilidade de entrar em contato com a quantidade de informações que o jornal *The New York Times* publica, num único dia, em sua edição diária.

Estima-se que cem relatórios de pesquisas científicas serão publicados hoje.

Quando completei 40 anos, meus filhos me presentearam com um cartão de aniversário musical. Adoro essas engenhocas, de modo que ficava fascinado todas as vezes que abria o cartão para ouvi-lo tocar "Parabéns a Você". Durante duas semanas eu testei a durabilidade do brinquedo. Certa noite, antes de me deitar, eu o joguei na lata de lixo que fica embaixo da pia da cozinha. Na manhã seguinte, ouvi um débil som musical quando entrei na cozinha. Ao abrir a porta do armário debaixo da pia, não consegui acreditar no que estava ouvindo. A bateria do cartão estava acabando, mas eu ainda conseguia escutá-lo tocar bem baixinho a música programada. Algum tempo depois vim a saber que um cartão que custara três dólares e meio tinha uma capacidade de processamento maior do que a que existia no mundo inteiro antes de 1950.

Hoje em dia, o relógio que você usa no pulso tem uma capacidade de processamento maior do que a que havia no planeta antes de 1961. Com efeito, os carros de hoje são equipados com uma tecnologia de computação mais poderosa do que a da Apollo 11.

Os tempos certamente mudaram. Nossa vida pode ser comparada a uma cena que ocorre todos os dias na África. Todas as manhãs uma gazela acorda e sabe que precisa correr hoje mais rápido do que o mais veloz dos leões, caso contrário ela morrerá. Ao mesmo tempo, o leão faminto percebe que precisa correr mais rápido do que a gazela mais vagarosa para não deixar de desfrutar uma deliciosa refeição. Eis a moral da história: seja você um leão ou uma gazela, ao raiar do dia é melhor você correr.

Esta situação lhe parece familiar? Corremos cada vez mais rápido apenas para acompanhar o ritmo angustiante exigido pela natureza mutável da vida. No entanto, parece que não somos capazes de ter uma adaptação ou um desenvolvimento suficientemente rápidos, ou de aprender o bastante para atender às crescentes exigências com relação ao nosso tempo, à nossa energia e ao nosso vigor mental.

Aprendi algumas coisas com a obra na minha rua e outras mudanças rápidas que causam modificações na vida. Em primeiro lugar, nada garante que o dia de hoje seja uma repetição do de ontem. Novos sinais, obstáculos e desvios surgem sem aviso prévio. O mundo está se movendo com muita rapidez para que hoje seja uma repetição de ontem.

Em segundo lugar, o futuro não é o que costumava ser. Até mesmo a condição do futuro muda tão rápido quanto as batidas do relógio. Olhe para o ano passado. Você sem dúvida perceberá que muitos eventos aconteceram sem aviso prévio ou sua aprovação. Parece quase impossível prever o que o futuro tem reservado para nós.

Após uma recente pesquisa, o Bureau of Census chegou à conclusão de que "Todos os tipos de mudança — econômicas, sociais, culturais, tecnológicas e políticas — estão ocorrendo em um ritmo cada vez mais rápido. Em algumas áreas, esse ritmo não está apenas acelerando, está explodindo. A marcha rápida de mudança não dá nenhum sinal de que irá ficar mais lenta no decorrer da nossa vida".

O comentário acima é um pouco perturbador para nós, pessoas comuns. Não há dúvida de que estamos vivendo um período de mudança acelerada, inevitável, implacável, perturbadora, incontrolável, ininterrupta e desalentadora.

Não obstante, "Mudança é sinônimo de crescimento, tanto intelectual quanto emocional", diz a dra. Joyce Brothers. "As pessoas abertas à mudança aproveitam muito mais a vida do que aquelas que estão atoladas num estado de coisas estático."

Cheguei finalmente à conclusão de que o futuro pertence àqueles que não apenas aceitam a mudança como também a acolhem, desfrutam e usam para criar o próprio futuro. É hora de abandonar ou modificar o que não está mais funcionando. É claro que até mesmo as coisas que hoje são boas provavelmente não o serão mais amanhã.

A mudança prescinde da estabilidade, do *status quo* e da apreciadíssima zona de conforto. As pessoas e as organizações precisam aprender a usar a mudança, bem como a participar dela ativamente. Já não é mais uma atitude realista simplesmente suportar a mudança. A escolha é entre ter a mudança imposta a nós ou usá-la para reivindicar o que é nosso, por direito, no futuro. Isso requer coragem!

São imensos os desafios do século XXI para lidarmos com as mudanças cruciais necessárias para que avancemos, enquanto mantemos o equilíbrio na vida. Isso pode ser feito, mas não sem que abracemos uma nova revolução.

Existem três respostas possíveis para esse desafio. Haverá aqueles que estarão na vanguarda da revolução. Outros a seguirão, e um último grupo ficará adormecido esperando que as coisas logo voltem ao normal. Os que dormirem terão problemas, e os seguidores correm o risco de ser deixados para trás ou de ficar presos ao que os revolucionários deixarem para trás. Tanto os que dormirem quanto os seguidores vão ficar cada vez mais para trás. Como disse alguém certa vez: "Você não pode deixar pegadas na areia do tempo se estiver sentado sobre as nádegas. E quem quer deixar a marca das nádegas na areia do tempo?"

Não seja muito duro com os que dormem e com os seguidores, mas eles precisam de um sinal de alerta. A maior parte do que aprendemos na infância nos diz como manter as coisas satisfatórias, seguras e livres de surpresas devastadoras. É difícil esquecer ou expulsar da mente o condicionamento de uma vida inteira e infringir as antigas regras para criar novas idéias.

Levar avante uma revolução pessoal requer um novo compromisso da mente e do coração, aliado a uma visão mais ampla do que pode ser o futuro. Você precisará de uma nova percepção intuitiva e compreensão das exigências da vida. Reconsidere o presente, crie novas maneiras de fazer as coisas, reinvente os processos atuais e abandone o passado.

É absurdo pensar que alguém possa sobreviver, que dirá prosperar profissionalmente, sem uma transformação pessoal que engendre uma perspectiva otimista e ousada com relação ao futuro. No instante em que você assume um compromisso com esse estilo de vida, as portas da oportunidade começam a se abrir. Caso contrário, o cinismo, o pessimismo e o fatalismo erguem a feia cabeça. O *stress* aumenta. Os níveis de desespero se elevam. Você se debilita. A autocomiseração prevalece.

Enfrentar o terreno acidentado da jornada que se aproxima exige que paguemos um preço. É pouco provável que alcancemos o sucesso nestes tempos turbulentos sem nos dedicarmos a mudar a maneira como fazemos as coisas. Em vez de despender tanta energia combatendo a mudança, agarrando-se a antigos hábitos e resistindo a novos processos, use sua energia para descobrir maneiras de se alinhar com as mudanças.

Por favor entenda que se você não criar seu futuro, outra pessoa o fará. A melhor maneira de influenciar o amanhã é tirar o máximo proveito do presente.

# DOE-SE

> *Não existe no mundo ocupação mais nobre do que ajudar outro ser humano — ajudar alguém a ser bem-sucedido.*
>
> ALAN LOY MCGINIS

A reação automática da humanidade à mudança é concentrar-se em si. "O que há nessa mudança para *mim*?" "Como a *minha* vida será afetada?" "Por que todas as mudanças ocorrem no *meu* departamento?" Essas perguntas passam a predominar.

A autocomiseração impera. O espírito humano começa a definhar. Você passa a se sentir como se o mundo todo estivesse contra você. Os efeitos devastadores da mudança recebem permissão para cobrar seu tributo. Quando foi a última vez que você fez um levantamento do que você deu desinteressadamente aos outros em vez de ficar esperando apenas receber? De que modo você se doou a alguém esta semana sem esperar nada em troca?

Aprendi muito a respeito desse assunto com Jimmy Carter. Ele sonhou ser governador da Geórgia e depois aspirou à Presidência dos Estados Unidos. Seus sonhos se tornaram realidade até que os eventos mundiais se modificaram. A crise dos reféns no Irã explodiu, e o mandato de Carter acabou tendo um final amargo. E depois?

Jimmy e Rosalynn se dedicaram ao novo sonho de ajudar os pobres através do Habitat for Humanity. Ao construir casas de baixo custo para os pobres, o casal Carter abandonou o desapontamento e encontrou emoção e realização ajudando os outros.

Sonhos são destruídos. A vida pode parecer injusta. Somos cercados pela adversidade e pela calamidade. No entanto, no meio de tudo isso, as leis naturais do universo permanecem intactas.

Uma dessas leis, a lei da reciprocidade, indica que, quando eu ajudo os outros a lidar com a mudança, a ter sucesso, a se sentirem melhor com relação à vida, ou a superar a adversidade, minha vida também será beneficiada. Você já ouviu isso antes. O que você dá você recebe. O que vai volta. Você colhe aquilo que semeia.

Alugue o filme *An Officer and a Gentleman*. Nele, o herói tem um mau desempenho no treinamento para ser um oficial da marinha. Ele está constantemente em conflito com seus superiores. Contrariando o regulamento militar, ele engraxa os sapatos dos colegas por dinheiro. No entanto, ele brilha no percurso de obstáculos. É como se a pista tivesse sido projetada para suas habilidades, e, quando é solicitado à turma que corra para um tempo oficial, tudo indica que ele vai tentar bater um recorde de treinamento.

O enredo começa realmente a ficar interessante quando o melhor amigo do soldado se suicida e ele entra em atrito com o oficial subalterno responsável pelo seu treinamento. Ele tem certeza de que será expulso do curso de oficiais. No entanto, enquanto sua exoneração está aguardando solução, sua turma corre na pista de obstáculos.

Um dos seus colegas é uma mulher que não consegue transpor um dos obstáculos. Enquanto o herói tenta bater o recorde na pista, sua colega fica presa no difícil obstáculo. Nesse momento o herói precisa tomar uma decisão. O que ele deve fazer? Seu desempenho na pis-

> *Não podemos segurar uma tocha para iluminar o caminho de outra pessoa sem clarear o nosso.*
>
> BEN SWEETLAND

ta de obstáculos fora a única coisa que lhe possibilitara impressionar seus superiores. Se ele conseguisse bater o recorde, talvez não fosse expulso do curso de treinamento de oficiais.

O inacreditável então acontece. O herói pára e volta para ajudar a colega, apesar de saber que isso lhe custará o recorde que ele estava destinado a estabelecer.

Essa ação de ajudar outra pessoa faz que os poderes constituídos permitam que ele se forme e se torne um "oficial e um cavalheiro".

É difícil convencer às pessoas nos momentos de mudança de que a melhor maneira de melhorar a qualidade de vida delas é fazer algo que melhore a vida de outra pessoa. A atenção tende a se voltar para o lado de dentro e ficar presa. O egoísmo assume o comando, e nos ocupamos em satisfazer as nossas necessidades. No entanto, a ação oposta é exatamente a necessária para que entremos em sintonia com o que é bom para nós.

Como oficiais e cavalheiros, precisamos ajudar altruisticamente outras pessoas a superar os obstáculos que as impedem de ter sucesso. Podemos então experimentar a promessa do anúncio do Peace Corps: "Sinta-se melhor a respeito de si mesmo do que você jamais julgou ser possível."

## COMPROMETA-SE COM UM ESTILO DE VIDA ABERTO À MUDANÇA

No primeiro capítulo de *Tom Sawyer*, Mark Twain relata uma interessante conversa que reflete a condição da natureza humana. Tom tenta convencer o amigo Huck a se unir a ele em seus planos de formar um bando de ladrões e fazer prisioneiros, do jeito que os piratas costumavam fazer.

Huck pergunta a Tom o que os piratas fazem com os prisioneiros, e Tom responde: "Exigem um resgate por eles." "Resgate? O que é isso?", pergunta Huck. "Eu não sei. Mas é isso que eles fazem. Já li sobre isso nos livros e, sendo assim, é claro que é isso que temos de fazer", explica Tom. "Você quer fazer as coisas de um jeito diferente do que está escrito nos livros e embaralhar tudo?"

Esse diálogo representa um modo de pensar que não é muito diferente do de um grande número de pessoas hoje em dia. É mais fácil fazer o que sempre fizemos, mesmo que os tempos exijam que avaliemos, aprimoremos e aceleremos as coisas que fazemos. As crenças do passado nos impedem de avançar em direção ao futuro. Lamentavelmente, como Tom Sawyer, talvez não saibamos o que estamos fazendo nem por que, mas é assim que as coisas sempre foram feitas. Por conseguinte, seguimos cegamente as tradições do passado.

*O status quo se estabelece na sociedade como a gordura em cima da canja de galinha fria e fica muito satisfeito em ser o que é. Se ninguém aparecer para agitar as coisas, nenhuma mudança acontecerá.*

ABIE HOFFMAN

Em vez de tentar viver num futuro que é uma repetição das estratégias de ontem, abundantes oportunidades aguardam aqueles que são criativos e flexíveis nestes tempos tumultuados. Fomos projetados para enfrentar a vida com mais eficácia quando crescemos num ritmo que nos permite acompanhar as mudanças importantes que temos diante de nós. Quando sua vida está difícil, porém produtiva e gratificante, é uma prova de que você está acompanhando e assimilando as mudanças que você enfrenta.

Dean Rusk, ex-secretário de Estado dos Estados Unidos, disse certa vez: "O ritmo dos acontecimentos está avançando tão rápido que, a não ser que consigamos descobrir uma maneira de ficar de olho no amanhã, não podemos esperar estar em contato com o presente." A melhor maneira de estar preparado para um amanhã que está em constante modificação é implementar hoje um plano que cresça todos os dias.

Ser sensível à mudança e estar aberto para ela não é algo que possamos alcançar num estalar de dedos. O serviço de entrega expressa não está disponível para isso. O principal desafio é avaliar continuamente os nossos pensamentos. A futurista Faith Popcorn prognosticou em *The Popcorn Report*: "Se você pensou nisso ontem, se você está pensando nisso agora, você não pensará nisso amanhã."

Para aguçar o pensamento e permanecer constantemente em sintonia com as exigências da mudança, precisamos alimentar uma atitude contínua que seja ou esteja:

- aberta a novas idéias

- disposta a explorar novas técnicas e abandonar convicções ultrapassadas

- animada por poder aprender alguma coisa

- dedicada a enfrentar desafios e descobrir oportunidades

- flexível

- preparada para deixar o passado e ingressar no futuro

- constantemente preparada para ajustar as idéias, os hábitos e o desempenho

Rosabeth Moss Kanter, especialista e mestra em mudanças, acredita que: "As pessoas que terão sucesso e prosperarão serão também mestres da mudança: peritas em reorientar suas atividades e as dos outros em direções ainda não experimentadas para gerar níveis de realização mais elevados. Elas serão capazes de adquirir e usar o poder de produzir a inovação."

Que hábitos, convicções restritivas, procedimentos, atitudes e pensamentos autolimitantes estão tolhendo você? Pelo amor de Deus, abandone-os! Como Eddy Ketchursid apropriadamente declarou: "Se o seu cavalo está morto, pelo amor de Deus — desmonte!" O fato de você estar fazendo uma coisa específica há cinco ou dez anos é um si-

> *Aquele que rejeita a mudança é o arquiteto da decadência. A única instituição humana que rejeita o progresso é o cemitério.*
>
> HAROLD WILSON

✳

nal bastante claro, nestes tempos de mudança, de que você não se preparou para dominar o futuro. Deixar de substituí-la é sinônimo de suicídio profissional e pessoal.

Abra uma nova página hoje e decida exatamente o que você estará fazendo amanhã, bem como nas semanas e nos meses seguintes, para que você possa permanecer na vanguarda das mudanças aceleradas e complexas da vida.

# BUSQUE NOVOS HORIZONTES

✳

*Freqüentemente a oportunidade bate
à porta, mas quando finalmente
você consegue desembaraçar a corrente,
empurrar a lingüeta da fechadura,
abrir os dois cadeados e desligar o
alarme contra ladrões,
já é tarde demais.*

RITA COOLIDGE

# FIQUE ATENTO ÀS OPORTUNIDADES

> *Você cria suas oportunidades a partir da mesma matéria-prima com a qual as outras pessoas criam a própria derrota.*
>
> BERNIE SIEGEL, M.D.

Jack Welch, diretor-executivo da General Electric, nos encoraja a "estimular e apreciar a mudança. Não fique amedrontado ou paralisado por causa dela. Encare a mudança como uma oportunidade, e não como uma ameaça".

Se considerar a mudança uma ameaça, você terá a tendência de se colocar na defensiva e se tornar irracional, além de ter propensão para o desânimo. Culpar os outros e se queixar passa a ser a ordem do dia. As pessoas vão para casa esgotadas e desanimadas porque elas gastam a energia combatendo o impacto da mudança, que consideram negativo. Em decorrência desse fato, centenas de oportunidades são perdidas porque elas não conseguem ver as coisas com clareza, o que por sua vez as impede de enxergar as possibilidades positivas.

Mas, por outro lado, se a mudança for encarada como uma oportunidade, você estimula um comportamento construtivo que pode fazer dela uma aliada. Toda situação com que você deparar pode ser uma oportunidade. O entusiasmo é o pré-requisito que revela possibilidades e gera opções. A energia é multiplicada quando a paixão passa a fazer parte da fórmula.

Quando a mudança está acontecendo à sua volta, pare e reexamine aonde você está indo e o que está encontrando. Aprenda a extrair dos eventos da vida elementos importantes que geram valiosas oportunidades. O filósofo grego Plutarco escreveu o seguinte: "Assim como as abelhas extraem o mel do tomilho, a mais forte e seca das ervas, os homens sensíveis freqüentemente tiram proveito e vantagens das circunstâncias mais difíceis."

Roy Speer e Lowell Paxson tiraram partido das observações que fizeram a respeito do estilo de vida das pessoas de um modo geral. Eles descobriram que: 1. As pessoas gostam de fazer compras. 2. As pessoas gostam de assistir à televisão. 3. As pessoas gostam de fazer compras ou assistir à televisão sempre que isso lhes dá prazer. Essas simples conclusões deram origem à The Home Shopping Network, Inc., um canal 24 horas de compras pela televisão. E falando em extrair mel, esse pequeno empreendimento agradou a todos os tipos de pessoas que assistem à televisão e fazem compras, gerando uma receita de centenas de milhões de dólares anuais.

Essa abordagem oportunista levou Walt Disney a reinventar o parque de diversões e com ela Ted Turner revolucionou a televisão a cabo. Ela ajudou o coronel Sanders a fundar uma indústria multibilionária de *fast-food*. Bill Gates lançou-se no estrelato da indústria do *software*. Sam Walton criou o sistema de vendas do Wal-Mart — de "sempre o menor preço".

Estar preparado para aproveitar as oportunidades é uma aventura permanente. Não existe algo como alcançar e descansar. Estamos constantemente determinando o que precisamos fazer em seguida para permanecer eficazes. Dedique algum tempo à reflexão. Reavalie sua curva de aprendizado. De que recursos você lançou mão? Você tem reservas de energia a que não recorreu?

Primeiro pergunte a si mesmo: "O que está dando tão certo para mim no momento que preciso continuar a fazer para criar um futuro ideal?" Em seguida: "Que elementos do meu presente e do meu passado precisam ser descartados?" Que tipo de excesso de bagagem o está impedindo de alcançar e vivenciar o que você deseja na vida? As cobras se desfazem da pele quando ela não lhes serve mais. As pessoas precisam se desfazer de hábitos que sobreviveram à própria utilidade ou que inibem a busca de novas possibilidades. "O equilíbrio é a morte", disse Kevin Kelly. "Procure o equilíbrio contínuo." Nessa atitude reside a entrada para uma visão renovada e expandida da mudança.

Prepare-se para fazer um pouco de esforço. O esforço e a tensão aumentam nossa flexibilidade. Fazer apenas o que nos vem com facilidade ou naturalidade não nos leva a lugar nenhum, e é mais do que provável que essa atitude mal consiga nos manter à tona ou até mesmo nos faça regredir.

Fique atento às palavras de Alexander Graham Bell: "Quando uma porta se fecha, outra se abre. Mas ficamos contemplando por um tempo tão grande e com tanto pesar a porta fechada que não vemos a outra que se abriu para nós."

## AVANCE CORAJOSAMENTE RUMO AO DESCONHECIDO

Há cinqüenta anos Akio Morita e outro homem fundaram uma nova companhia chamada Tokyo Telecommunications Engineering, que funcionava numa antiga loja de departamentos que havia sido bombardeada na Segunda Guerra Mundial.

Dez anos depois, a companhia apresentou ao mundo o primeiro rádio transístor. Uma companhia americana, Bulova, perita em aproveitar oportunidades, ofereceu-se para comprar os rádios por um preço tentador. O sr. Morita hesitou em aceitar a oferta porque os rádios seriam vendidos com o nome da Bulova.

De acordo com um artigo do *USA Today* de 1994 intitulado "Sony's Legend Stepping Down", Morita queria criar o nome da marca da companhia. Desse modo, embora sua companhia estivesse enfrentando dificuldades e a transação fosse trazer uma injeção de dinheiro extremamente necessária, Morita decidiu não fechar o negócio, informando o seguinte aos executivos da Bulova: "Estou dando agora o primeiro passo dos próximos cinqüenta anos da minha companhia."

A atitude audaciosa de Morita ajudou sua companhia a se tornar uma das maiores histórias de sucesso do mundo dos negócios. Eles

*O risco envolve deixar de se agarrar ao que é conhecido e certo e tentar alcançar algo sobre o que você não está bem certo mas que você acredita ser melhor do que aquilo que tem agora, ou pelo menos necessário para a sua sobrevivência. Correr riscos é essencial para todas as coisas que valem a pena na vida.*

DAVID VISCOTT

apresentaram ao mundo produtos inovadores como o videocassete e o CD. Mais tarde eles diversificaram seus produtos e empreendimentos, e o nome da empresa hoje é sinônimo de inovação e qualidade. Lembre-se da decisão do sr. Morita de renunciar ao que era certo arriscando seu futuro todas as vezes que você vir a marca Sony.

"O nosso destino é avançar", disse Louis L'Amour, "aceitar o desafio, afrontar o desconhecido ..." Esse conselho tende a perturbar a natureza humana. A experiência de Akio Morita é um exemplo de alguém que resistiu à atração de uma oferta convidativa para tentar alcançar algo que não era certo. E você? Em vez de aceitar a segurança de saber o que o amanhã lhe trará, ou o tédio de saber o que o depois de amanhã lhe trará, que tal avançar audaciosamente em direção a uma vida repleta de aventuras?

Conheço a história de um espião que foi capturado e condenado à morte por um general do exército persa. Antes da execução o general tinha um procedimento um tanto incomum. Ele oferecia ao prisioneiro a escolha entre o pelotão de fuzilamento e uma grande porta preta.

O espião ficou surpreso com a proposta e ficou refletindo um longo tempo até que finalmente optou por ser fuzilado. Instantes depois, ele estava morto.

O general voltou-se para seu ajudante-de-ordens e disse: "Eles sempre preferem o conhecido ao desconhecido. No entanto, oferecemos uma escolha."

O próprio ajudante-de-ordens desconhecia o que havia atrás da grande porta preta, de modo que fez a pergunta ao seu comandante. "Liberdade", respondeu o general, "e conheci muito poucos que foram bravos o suficiente para aceitá-la."

É extremamente confortável e quase automático que nos ocupemos com o que nos é familiar e fiquemos satisfeitos com isso. É assustador abandonar o que é seguro e conhecido e nos aventurarmos no desconhecido, mas estar sempre a salvo do risco é tedioso. Precisamos de equilíbrio, de um menu de opções expandido que estimule nossas papilas gustativas.

Sem dúvida é um teste abandonar o conhecido e aproveitar as possibilidades que o dia tem a oferecer. Entendo como é arriscado para as pessoas saltar para fora da caixa do *status quo*. Felizmente, estou aprendendo que pode ser muito estimulante expor-se ao desconhecido — não de um modo irresponsável, mas com um entusiasmo calculado, para que possamos aproveitar as possibilidades. Algumas das coisas que mais gosto de fazer hoje são coisas que no início eu tinha medo de tentar, simplesmente porque não queria parecer desajeitado, ineficaz ou inculto. Enfrentar o desconhecido não é na verdade correr um risco; é dar a si mesmo a oportunidade de testar seus limites, de provar o que você é capaz de fazer.

Para começar, siga o conselho de Virgil Thomson, que disse: "Experimente três vezes uma coisa que você não tenha feito antes. Uma vez para perder o medo de fazê-la. A segunda para aprender a fazê-la. E a terceira para descobrir se você gosta ou não dela."

Você está preparado para experimentar algumas idéias loucas? Que tal abandonar as velhas rotinas e tentar algo diferente? Expanda-se. Insira alguma aventura na maneira como você faz as coisas em vez de recorrer aos métodos convencionais. Permita-se explorar, seguir em frente sem garantias de sucesso. Você não pode realmente evitar o risco, então por que não se expandir e enxergar as oportunidades às quais você não vem prestando atenção? O pior que pode acontecer é você não obter o que está acostumado a receber.

O medo irá embora? Provavelmente não. A dra. Susan Jeffries fez o seguinte comentário: "Enquanto eu continuar a me impor ao mundo, enquanto eu continuar a expandir minhas habilidades, enquanto eu continuar a correr riscos para tornar meus sonhos realidade, vou sentir medo." Haverá sempre o medo recorrente do fracasso ou do constrangimento. O medo da rejeição, da incerteza e do desapontamento certamente erguerá a feia cabeça. Até mesmo o medo da dificuldade o ameaçará. O desejo de segurança continuará a tentar persuadi-lo a parar onde você está e confiar no que é antigo e fiel. Não deixe que ele o convença.

Eis alguns pensamentos destinados a incentivá-lo a correr riscos:

1. **Outras pessoas já estiveram no lugar aonde você está pensando ir.** Permita que esse conhecimento inspire seu espírito a empreender a jornada.

2. **Não pode ser tão mau assim.** "O que tenho a perder?" Aceite o fato de que você necessariamente nem sempre terá sucesso ou gostará de tudo que tentar, mas sem dúvida aprenderá muitas coisas. Se você acha que pode lidar com o pior resultado possível, corra o risco.

3. **Você é capaz de fazê-lo!** Bruce Barton disse: "Somente aqueles que ousaram acreditar que algo dentro deles era superior às circunstâncias conseguiram alcançar coisas esplêndidas." Existe uma correlação direta entre sua auto-imagem e o quo-

ciente de risco. Rompa o teto de limitações construído por você e perceba que você pode progredir além do ponto em que está. Desafie sua insegurança e você ficará mais forte.

*Viver perigosamente é saltar do penhasco e criar asas durante a queda.*

RAY BRADBURY

**4. Não importa o que aconteça, você será beneficiado.** As pessoas que costumam correr riscos, quer ganhem, quer percam, aprendem a se concentrar tanto no processo quanto nos resultados. Elas aprendem a se elevar acima do que não funciona e descobrir outras maneiras de ser bem-sucedidas. Elas enxergam possibilidades e oportunidades que as impelem além das condições vigentes e da mediocridade. Elas vivem o desafio do sacrifício e a satisfação das soluções.

"O mundo está cheio de maravilhas, riquezas, poder e enigmas", disse Toni Flures. "O que ele encerra pode nos deixar horrorizados, pesarosos, assombrados, confusos, alegres. Mas nada pode nos deixar entediados. O tédio é o resultado de algum desconforto nosso e não de uma deficiência do mundo." O tédio é o amigo inconsciente daqueles que deixam de experimentar as maravilhas do mundo. Não se deixe envolver demais pelo seu pequeno mundo, a ponto de não tirar vantagem das oportunidades que você tem à sua disposição. Deixe que a segurança permaneça uma desconhecida e o risco se torne seu amigo.

# A DIVERSÃO ESTÁ NO DESAFIO

> *Sempre sabemos quando estamos no caminho do sucesso; é subida o tempo todo.*
>
> PAUL HARVEY

Tom Monaghan nasceu em Ann Arbor, no estado de Michigan, em 1937. Seu pai morreu quando ele tinha 4 anos de idade e ele foi criado em lares de adoção, orfanatos e, finalmente, numa casa de detenção para crianças delinqüentes. Ele tentou perseguir seu sonho de infância, tornar-se padre, mas foi expulso do seminário, o que o obrigou a contemplar outras opções de carreira. Depois de um breve período no Ferris State College, Monaghan ficou sem dinheiro e se alistou no Corpo de Fuzileiros Navais.

Depois que Monaghan concluiu o serviço militar, durante a transição para a vida civil, seu irmão sugeriu que os dois comprassem uma loja de *pizza* em Ypsilanti chamada Dominick's. Tom então pediu um empréstimo e se tornou instantaneamente um empresário. O mínimo que se pode dizer é que os anos seguintes foram difíceis. Seu irmão saiu da sociedade. Um novo sócio deu um desfalque que levou Monaghan à falência e ele foi obrigado a mudar o nome da companhia para Domino's. A loja original pegou fogo. Domino's passou a ser de capital aberto, o que fez que quase sofresse um colapso financeiro, e depois o fabricante de açúcar Domino's entrou com uma ação contra Monaghan por ter usado o nome da companhia. Uma disputa que durou cinco anos e custou 1,5 milhão de dólares lhe garantiu o direito de manter o nome Domino's. Centenas de lojas foram acrescentadas à cadeia Domino's, e Monaghan acumulou uma fortuna.

O caráter de Tom Monaghan foi revelado numa visita, que ele insistiu em conseguir, ao seu ídolo Ray Kroc, fundador do McDonald's. Kroc o crivou de perguntas a respeito da sua operação e depois inclinou-se para a frente na cadeira, dizendo: "Vou lhe dar um conselho. Você conseguiu. Você pode fazer tudo o que quiser; ganhar mais dinheiro do que você jamais conseguirá gastar. De modo que eu acho que o que você deve fazer agora é diminuir o ritmo. Ir mais devagar. Abra algumas lojas a cada ano, mas tenha muito cuidado. Evite correr riscos."

Monaghan ficou estarrecido. Como poderia esse herói empresarial sugerir uma coisa dessas? Finalmente, ele deixou escapar: "Mas isso não seria divertido!"

Houve um breve momento de silêncio que pareceu uma eternidade, e Kroc então sorriu e respondeu: "É exatamente isso que eu esperava que você dissesse!"

Lutas, desafios, sonhos, obstáculos e contratempos fazem parte da diversão e da satisfação da estrada em direção ao sucesso. Somente aqueles decididos a tornar a jornada tão agradável quanto o destino podem defender um empreendimento tão corajoso.

*Se você deseja ter sucesso na vida faça da perseverança sua amiga do peito, da experiência sua sábia conselheira, da cautela sua irmã mais velha e da esperança seu gênio protetor.*

JOSEPH ADDISON

# GORDO DEMAIS
## PARA VOAR

*O progresso é como a maré. Se ficarmos imóveis, certamente morreremos afogados. Para permanecer à tona, temos que nos manter em movimento.*

HAROLD MAYFIELD

✳

Os inovadores, empresários e caçadores de aventuras sabem que o caminho que seguem está repleto de incertezas. Se eles esperassem por condições perfeitas, nunca perseguiriam seus sonhos. Eles também são intensamente conscientes da rapidez com que a atrofia se instala quando não avançam constantemente em direção às suas metas.

O grande filósofo dinamarquês Soren Kierkegaard contou certa vez a história de um bando de gansos que começavam a ir para o sul para fugir das rajadas dos ventos do inverno. Na primeira noite eles pousaram no quintal de um fazendeiro e se saciaram com milho. Na manhã seguinte, prosseguiram a viagem — quer dizer, todos exceto um. "O milho está bom", disse o grande ganso, "de modo que vou ficar mais um dia e aproveitar." Na manhã seguinte ele decidiu esperar ainda mais um dia, e outro depois disso, fartando-se com a deliciosa comida. Logo ele havia desenvolvido um hábito. "Amanhã voarei para o sul", dizia ele.

Chegou então o dia inevitável em que os ventos do inverno ficaram tão fortes que esperar um pouco mais significaria morrer congelado. Ele estendeu então as asas e caminhou bamboleando pelo quintal, ganhando velocidade enquanto caminhava. Mas pobre ganso! Estava muito gordo para voar. Ele esperara tempo demais.

Gozar os frutos de trabalhos passados. Deparar com inesperadas experiências satisfatórias. Atingir uma meta pessoal. Fazer uma grande venda. Conseguir a promoção há muito esperada. Esse tipo de experiência tende a gerar duas reações opostas. Algumas pessoas desenvolvem uma paixão maior pela ação e um desejo de superar o que fizeram antes. Já outras se acomodam de tal maneira que um grave caso de estagnação se estabelece. Qualquer pessoa que passe um tempo longo demais desfrutando o que fez sem manter um ritmo constante de ação logo ficará fatigada, desinteressada e despreparada para enfrentar o desafio que virá a seguir.

Lembre-se do seguinte: as pessoas sem talento e medíocres, porém dedicadas e esforçadas, vão mais longe do que as pessoas superiores que não o são. Tendo em vista que cada ação positiva e progressiva que você pratica o lança mais perto das recompensas e resultados desejáveis, quanto mais cedo você começar, melhor.

Thomas Edison estava certo. "Tudo vem àquele que trabalha com energia e rapidez enquanto espera." O que importa não é o que você vai fazer quando as coisas começarem a sair do jeito que você quer, e sim o que você está fazendo agora.

*O sucesso não é resultado da combustão espontânea. Você precisa se incendiar.*

REGGIE LEACH

# CULTIVE UM ESPÍRITO DIVERTIDO

✳

*Não paramos de rir porque envelhecemos; envelhecemos porque paramos de rir.*

LEO BUSCAGLIA

# RENOVE A CRIANÇA
# QUE EXISTE EM VOCÊ

*Compreenda que o senso de humor é mais profundo do que o riso, mais satisfatório do que a comédia e proporciona mais recompensas do que o simples fato de ser divertido. O senso de humor enxerga a alegria nas experiências do dia-a-dia. É mais importante se divertir do que ser divertido.*

LAURENCE J. PETER
E BILL DANA

❋

Alvin Schwartz disse: "O riso é o som natural da infância." Visite o jardim de infância do seu bairro e você rapidamente descobrirá a verdade dessa declaração. Você se lembra dos seus dias de infância? Reviver aquele espírito infantil possibilitará que você colha benefícios substanciais na idade adulta.

Ser divertido e se divertir se revelaram atitudes extremamente vantajosas para promover a criatividade, melhorar a solução de problemas e aumentar a capacidade de retenção do aprendizado na sala de aula. A ausência do elemento diversão pode reduzir a produtividade, aumentar a rotatividade da mão-de-obra no emprego e exercer uma forte influência negativa sobre a disposição de ânimo das pessoas. Inserir um espírito infantil em todas as facetas da vida aumenta o prazer e a alegria.

Sustentar a idéia de um comportamento infantil deveria ser uma meta para a vida inteira. Dizemos cedo demais às crianças que elas devem crescer, comportar-se como adultos. Então, o que elas fazem? A vida-pesada. O espírito alegre se deteriora. Os problemas se tornam catastróficos. As crianças começam a procurar maneiras artificiais e às vezes inadequadas de escapar da labuta da idade adulta.

Realmente queremos que as crianças comecem a agir como adultos, ou seria melhor que os adultos recuperassem um pouco do seu espírito infantil?

Quero que meus filhos saiam de casa um dia (sei que quase todos vocês concordam comigo neste ponto) e comentem com os amigos como era divertido viver na nossa casa. Não era divertido porque éramos infantis, no sentido de sermos tolos, e sim porque lidávamos com os nossos relacionamentos, o horário das refeições, as viagens em família, as férias e a vida em geral com um espírito alegre e divertido. O trabalho não era árduo para a mamãe e o papai; nossos filhos percebiam que éramos apaixonados pelo que fazíamos. Seus sonhos de infância, os eventos escolares, o esforço pessoal, as decisões difíceis, os relacionamentos complicados e outras atividades eram encarados como oportunidades para que eles criassem uma vida plena.

O espírito infantil produz a criatividade, a diversão, a produtividade e o desejo de se levantar e fazer tudo de novo amanhã. É por isso que as crianças raramente precisam de muito incentivo para entrar em atividade pela manhã. É claro que, depois que são apresentadas ao despertador, elas imediatamente percebem que levantar-se de manhã certamente não é algo a ser celebrado. Assim começamos uma das temíveis jornadas em direção à idade adulta.

Enquanto você observa e experimenta a vida, pergunte a si mesmo: "Como uma criança em idade pré-escolar reagiria?" Garanto que esse simples exercício iluminará o que você vê. "Quando nos desfazemos da arrogância, da complexidade e de algumas outras coisas que podem nos atrapalhar", declara Benjamin Hoff, autor de *Tao of the Pooh*, "mais cedo ou mais tarde descobrimos aquele segredo simples, infantil e misterioso ... A vida é divertida."

Procure o humor em toda parte. Crie razões para rir ou ria sem nenhum motivo. Espalhe a alegria à sua volta. Você não apenas tornará sua vida mais rica como também atrairá mais as pessoas e melhorará a vida delas.

Estou plenamente consciente de que a habilidade de rir e enxergar o mundo com bom humor não é para todos. Com efeito, recomendo que somente aqueles que desejam se divertir, aproveitar a vida e se sentir vivos levem em consideração a ultrajante proposta de que devem *se soltar ... ser mais descontraídos ... e viver intensamente.*

# FIQUE ATENTO AOS MOMENTOS ENGRAÇADOS DA VIDA

Da sala da diretoria ao quarto de dormir, do escritório ao banheiro, da rua principal às rotas aéreas, os momentos engraçados da vida estão por toda parte. Abra os olhos para o anormal. Deixe que seus ouvidos escutem o humor. Permita que seu coração transborde de riso. Procure pelo menos uma situação por dia que faça você dar uma boa gargalhada.

Procurar por esses momentos engraçados é uma habilidade que Linda Ellerbee aprendeu quando teve de lidar com a devastadora notícia de que estava com câncer de mama. A descoberta foi feita em 1992, e os médicos determinaram a realização de uma mastectomia dupla para salvar a sua vida.

Naquele verão Linda comprou duas próteses de mama para usar enquanto nadava. Em vez de grudá-las na pele com velcro como recomendavam as instruções do produto, ela simplesmente inseriu as próteses dentro do maiô. Quando saiu da água, uma das próteses tinha dado a volta e estava nas costas. "Bem", disse Linda, "você pode rir de uma coisas dessas, ou então chorar desesperada." Ela decidiu rir.

As seguintes palavras são consideradas de autoria da sra. Ellerbee: "Sempre achei que o riso diante da realidade é provavelmente o

*Tudo é engraçado, desde que esteja acontecendo com outra pessoa.*

WILL ROGERS

> *Uma risadinha por dia pode não manter o médico afastado, mas certamente torna mais suportáveis os momentos que passamos na sala de espera da vida.*
>
> ANNE WILSON SCHAEF

som mais agradável que existe e durará até o dia em que o jogo for interrompido por causa da escuridão. Neste mundo, a melhor hora para rir é sempre que for possível."

Momentos engraçados ocorrem todos os dias. O fato de você rir ou chorar depende totalmente da sua habilidade de pensar de um modo engraçado e, com freqüência, rir de si mesmo. O fato de você tirar partido dos momentos engraçados poderá ajudá-lo a se divertir entusiasticamente, viver graciosamente, suportar as pressões da mudança e permanecer jovial quando a adversidade bate à porta.

O riso não é uma panacéia. Freqüentemente eu o comparo a trocar a fralda suja do bebê: não é uma solução permanente, mas sem dúvida faz as coisas ficarem melhores durante algum tempo.

Preste atenção aos sutis, suaves e simples momentos engraçados.

# PENSE DE UM MODO ENGRAÇADO

A vida possui uma generosa quantidade de momentos difíceis e sérios. Nossa função é encontrar respostas que nos permitam encarar a vida de uma forma completa e equilibrada. Comece a encarar suas experiências estressantes como uma fonte de material engraçado. A mudança nos fornece inúmeras maneiras de ficar aborrecidos, preocupados e confusos. Descubra maneiras de rir da loucura e do absurdo de tudo isso.

Em 1981 o presidente Ronald Reagan foi atingido por um tiro disparado por um possível assassino. Quando seu estado estava sendo avaliado pela equipe médica, dizem que ele ergueu os olhos e disse: "Espero que vocês sejam todos republicanos." Sua capacidade de pensar de um modo engraçado ajudou-o a aliviar a tensão de uma nação que estava preocupada com o estado dele.

Em outra ocasião, o presidente e a sra. Reagan foram convidados para participar do programa "Good Morning America". A sra. Reagan estava perto da beirada do palco e de repente caiu. Alarmadas com o acontecimento inesperado, várias pessoas correram para oferecer ajuda enquanto o presidente observava. Assim que se certificou de que ela estava bem, o presidente Reagan olhou para ela e disse: "Nancy, eu lhe disse para só cair do tablado se eu não estivesse sendo aplaudido."

> *O riso é o estado mental mais poderoso que existe. Quando está rindo, você não consegue pensar em outra coisa.*
>
> H. JACKSON BROWN
>
>

> *Às vezes tudo o que você precisa fazer é olhar a realidade de frente e depois negá-la.*
>
> GARRISON KEILLOR

É importante lembrar que aquilo em que pensamos determina nossas reações. "Pensar de um modo engraçado" não quer dizer que cada acontecimento é uma experiência hilária. As pesquisas psicológicas verificaram que o humor é uma boa terapia. Ele nos ajuda a encarar a vida de uma maneira completa e equilibrada. Assim sendo, "pensar de um modo engraçado" é a escolha de enxergar o lado luminoso das coisas.

Lembro-me de um período especialmente difícil durante os meus anos de faculdade (acho que esse período durou cerca de quatro anos) quando meu colega de quarto finalmente me disse carinhosamente: "Vamos lá, anime-se, as coisas poderiam ser piores." Eu me animei, e de fato as coisas ficaram piores.

Pensar de um modo engraçado não impede que você seja atingido pelos problemas e dificuldades. Não garante que o caminho à sua frente não terá montanhas ou vales, mas certamente lhe dá o empurrão psicológico de que você precisa para lidar com os altos e baixos.

Pensar de um modo engraçado implica treinar a mente para ver o aspecto luminoso do lado escuro da vida. Rir ou chorar. É uma escolha. Chorar limpa os ductos lacrimais, mas o riso incentiva a alma.

James Russell Lowell tinha uma atitude despreocupada com relação a envelhecer. Certa vez, quando passava por um prédio no subúrbio de Boston, ele reparou numa placa que dizia: "Lar para Crianças Incuráveis." Voltando-se para um amigo que o acompanhava, ele comentou: "Um dia vão me trazer para cá."

Há também a história da mulher que jogou uma partida de golfe particularmente frustrante. De volta à sede do clube, ela se lamentou: "Finalmente descobri o meu problema. Eu estava perto demais da bola ... depois de tê-la lançado."

*Seja mais descontraído ... Pense de um modo engraçado!*

# ESTEJA DISPOSTO A RIR DE SI MESMO

O dr. John Maxwell fez a seguinte observação: "Uma das experiências mais libertadoras da vida é ser capaz de rir de si mesmo. Quando perdemos essa capacidade, tudo na vida adquire uma aparência excessivamente séria. Descobri que muitas das minhas idiossincrasias podem provocar desespero ou riso. Decidi escolher o último. A vida é estranhamente engraçada quando nosso senso de valor ou de adequação não está atrelado à idéia de que temos de ser perfeitos."

"O humor é uma atitude, um jeito de encarar o mundo", declara o especialista em humor Joel Goodman. "O riso é uma forma de expressar o humor." Como você vê o seu mundo? Como você o expressa? As pessoas que estão mais perto de você reconhecem o quanto você ama a vida em função da sua capacidade de rir de si mesmo?

G. K. Chesterton estava se dirigindo aos rabugentos deste mundo quando escreveu o seguinte: "Os loucos estão sempre sérios; eles ficam loucos devido à ausência do humor." Talvez seja por isso que eu admiro homens como o aspirante a caubói que tinha baixa estatura e parou de usar botas de caubói. Ele brincou com os outros dizendo que as botas lhe provocavam brotoejas ... nas axilas. Essa atitude

*Se eu tivesse a oportunidade de dar um presente à próxima geração, eu ofertaria a capacidade de cada pessoa aprender a rir de si mesma.*

CHARLES SCHULZ

> *Só somos jovens uma vez, mas, com humor, podemos ser imaturos para sempre.*
>
> ART GLINER

reflete o mais refinado senso de humor — a capacidade de rir de si mesmo.

Sou calvo há muitos anos. Conheço todas as piadas sobre os carecas, mas sempre há alguém que quer compartilhar comigo um pouco da sua sabedoria espirituosa. "A grama não cresce em ruas movimentadas." "Careca na frente, você é um pensador. Careca atrás, você é um Don Juan. Careca na cabeça toda, você só pensa que é um Don Juan." "Deus só cobre aquilo de que não gosta." "Posso ter perdido as ondas, mas ainda tenho a praia." Estou certo de que você também já ouviu todas essas piadas.

E sabem o que mais? Eu rio todas as vezes que alguém decide me divertir com um desses clichês. Por quê? Por que não? Eu gosto de rir. Certamente é melhor que ficar chorando pelos cantos e lamentando a minha calvície.

Pense em todos os fracassos, obstáculos, momentos embaraçosos e as coisas totalmente idiotas que você já vivenciou. Lembre agora como seis meses depois você riu de tudo (ou pelo menos deveria ter rido). John Powell observou o seguinte: "Aquele que aprendeu a rir de si mesmo nunca deixará de se divertir."

Uma última palavra de estímulo e advertência de Ethel Barrymore: "Você se torna adulto", disse ela, "no dia em que realmente ri pela primeira vez — de si mesmo."

# TIRE O MELHOR PROVEITO DO PIOR

✳

*Quando você cometer um erro, não olhe
para trás. Coloque na mente a causa
do que aconteceu e depois olhe para a frente.
Os erros são lições de sabedoria.
O passado não pode ser mudado.
O futuro ainda está em suas mãos.*

HUGH WHITE

# NÃO SE RECRIMINE

*Errar é humano ...*
*mas quando a*
*borracha se desgasta*
*antes do lápis, você*
*está exagerando.*

JERRY JENKINS

Um quadrinho do *Peanuts* mostra Charlie Brown refletindo: "Às vezes eu fico acordado de noite, e pergunto: 'Onde foi que eu errei?' Uma voz então me responde: 'Isso vai levar mais de uma noite.'"

Eu consigo me identificar com a descoberta pessoal de Charlie Brown. Se os erros pudessem ser computados para a obtenção de diplomas, minhas paredes estariam cheias deles. Ao mesmo tempo, concordo com Sophia Loren quando ela diz que "Os erros fazem parte do preço que pagamos por uma vida plena". Embora seja às vezes dolorosa, uma vida cheia de erros indica que a vivemos plenamente e acumulamos uma coleção de experiências preciosas.

Se você está se esforçando para melhorar sua qualidade de vida, os erros são iminentes. Você simplesmente não pode entrar num mundo de elementos desconhecidos e esperar tomar decisões precisas e perfeitamente avaliadas. A margem de erro é alta para as pessoas que se recusam a endossar uma vida de complacência. Se você confiar apenas nas experiências anteriores e em dar nova forma a antigas idéias para seguir adiante, vai perder a emoção de expandir seu pensamento e conquistar a aventura de viver. Com efeito, você provavelmente dará consigo vagando em círculos, reciclando o mesmo sistema de atividades e informações. A experiência desperta um novo entusiasmo, fundamental para otimizar o desempenho.

O treinador Paul "Bear" Bryant tinha uma estratégia simplista, porém eficaz, para lidar com os erros. Ele disse: "Quando cometer um erro, há apenas três coisas que você deve fazer a respeito dele: (1) Admiti-lo. (2) Aprender com ele. (3)Não repeti-lo.

**1. Admita seus erros.** Embora Malcolm Forbes pudesse estar certo ao dizer que "Corrigir rapidamente os erros é mais importante do que admiti-los", o primeiro passo é na verdade admitir que cometemos um erro. "Nenhum homem tem a chance de desfrutar um sucesso permanente", afirmou Napoleon Hill, "enquanto não começar a olhar no espelho e procurar a verdadeira causa de todos os seus erros." Todo mundo comete erros, e o fato de você ser sincero consigo mesmo e com os outros poupa energia e acelera o processo de reparação dos danos. A história nos ensina que a tentativa de encobrir os erros acaba fazendo a pessoa ficar com fama de trapaceira.

Você lembra que em julho de 1994 a Intel descobriu que o *chip* do Pentium tinha uma falha? Embora o *chip* ocasionalmente computasse respostas erradas nos problemas de divisão com grandes números, a Intel determinou que o defeito só afetaria o usuário comum uma vez a cada 27 mil anos. Em vez de corrigir ou tornar público o defeito, a Intel continuou a promover e vender ativamente o *chip* defeituoso.

Decorridos cinco meses, rumores sobre o defeito se espalharam pelo mundo da computação. A tentativa da Intel de encobrir a falha foi desmascarada, mas a empresa continuou a minimizar a importância do defeito. Uma medida dramática da IBM, que parou de vender

*O médico pode enterrar seus erros, mas o arquiteto só pode aconselhar seu cliente a plantar trepadeiras.*

FRANK LLOYD WRIGHT

peças com o *chip* Pentium, finalmente obteve a atenção da Intel, e eles concordaram em trocar os *chips* quando isso lhes fosse solicitado. Essa atitude correta acabou ajudando a companhia a recuperar sua imagem positiva.

Winston Churchill defendia a seguinte idéia: "Se simplesmente adotarmos a atitude de defender um erro, não haverá nenhuma esperança de progresso." Encobrir o erro só faz agravá-lo. Admiti-lo é o ponto inicial da reparação.

**2. Aprenda com seus erros.** Suas mancadas e seus erros são uma parte natural da vida e do aprendizado. A vida é um processo de tentativa e erro, e a imperfeição desse processo inevitavelmente produzirá erros. Enfrente os fatos: às vezes a melhor maneira de aprender o modo certo de fazer as coisas é primeiro cometendo um erro. É claro que não podemos continuar a fazer as coisas do modo errado e simplesmente concluir que elas não estão dando certo.

Dale Carnegie acreditava no seguinte: "O homem bem-sucedido tirará vantagem dos seus erros e tentará outra vez de outro jeito."

Recebi há alguns meses, por *e-mail*, a seguinte história humorística. O tempo estava quente, e um homem queria dar um mergulho num lago da vizinhança. Ele não tinha trazido sua roupa de banho, mas que diferença fazia? Ele estava sozinho. Então se despiu e mergulhou na água.

Depois de nadar alguns minutos na deliciosa água fria, duas senhoras idosas se aproximaram da margem na altura em que ele estava. Ele entrou em pânico, saiu da água e pegou um balde que estava jogado na areia. Segurou o balde contra o corpo e deu um suspiro de alívio.

As senhoras chegaram mais perto e olharam para ele, que ficou constrangido e quis sair dali. Uma das senhoras então disse: "Eu tenho um dom especial. Consigo ler a mente das pessoas."

"Impossível", disse o homem, sem graça, "a senhora realmente sabe o que eu estou pensando?"

"Sem dúvida", respondeu a senhora. "Neste exato momento, tenho certeza de que você está pensando que o balde que você está segurando tem fundo."

Os erros freqüentemente expõem nossos sentimentos mais íntimos, nossas fraquezas e nossas ações negligentes. O constrangimento muitas vezes torna difícil para nós dar um passo atrás, examinar objetivamente a situação e decidir que da próxima vez vamos agir de um modo diferente.

"Quando reflito sobre a felicidade que desfrutei, o que costumo fazer com freqüência", ponderou Benjamin Franklin, "às vezes penso com meus botões que, se me fosse feita a oferta, eu me empenharia em seguir de novo, do começo ao fim, o mesmo modo de vida. Tudo o que eu pediria seria o privilégio concedido aos autores de corrigir na segunda edição certos erros cometidos na primeira."

Sua "segunda edição" pode começar no momento em que você assumir a responsabilidade de um erro e definir qual a lição que você extraiu dele que enriqueceu sua vida. Assuma o compromisso de ser grande o suficiente para admitir seus erros, hábil o suficiente para lucrar com eles e forte o suficiente para corrigi-los.

**3. Não repita seus erros.** Alguém disse certa vez: "Não há nada de errado em cometer erros. Apenas não dê um bis." Este é um conselho simples e ao mesmo tempo profundo. Sempre que repetimos um erro, o preço que pagamos por ele sobe.

*Quando seu relógio pára de funcionar, você tem duas opções: jogá-lo na lareira ou levá-lo para o conserto. A primeira é a mais rápida.*

MARK TWAIN

Dois companheiros de quarto da faculdade estavam assistindo, de madrugada, a um filme de faroeste na televisão. Enquanto eles observavam um caubói galopando em direção a um penhasco, Jim disse para o colega: "Aposto que esse cara vai rolar montanha abaixo."

"Ele não é idiota o bastante para fazer isso", respondeu Bill. "Aposto vinte dólares em que você está errado."

Instantes depois, caubói e cavalo despencam do penhasco. Bill pegou vinte dólares da carteira, entregando-os em silêncio a Jim.

"Não posso aceitar seu dinheiro", disse Jim. "Eu já tinha visto o filme."

"Eu também", respondeu Bill, sem graça, "mas não imaginei que o cara fosse fazer duas vezes a mesma besteira."

Você alguma vez já cometeu um erro, admitiu que era um idiota e, pouco depois, fez a mesma coisa de novo? Não se desespere. Você não está sozinho. Algumas das suas decisões e atos se tornam uma segunda natureza, e é mais fácil repetir do que modificar até mesmo as atitudes fadadas ao fracasso.

Quando você interrompe o ciclo de erros recorrentes, você passa a ter um comportamento habitual mais saudável, que implica tirar o máximo proveito das situações, mas inclui a determinação de não repeti-las. Pearl Buck declarou: "Todo grande erro tem um meio caminho, uma fração de segundo na qual ele pode ser cancelado e talvez corrigido." Quando você perceber que está começando a seguir o mesmo trajeto que conduz a um erro conhecido, interrompa a jornada e redirecione seus esforços.

Não se recrimine por ter feito uma bobagem, mas admita que o fez, aprenda com ela e, pelo amor de Deus, não a repita.

# A VIDA PODE SER FRUSTRANTE

Adversidade é parte natural da vida. "A maioria das pessoas não compreende totalmente a verdade de que a vida é difícil", escreveu W. Scott Peck em *The Road Less Traveled*. "Em vez disso, elas se lamentam sem cessar, ruidosa ou sutilmente, a respeito da enormidade dos seus problemas ... como se a vida fosse geralmente fácil, como se a vida DEVESSE ser fácil." A vida não é fácil. A vida pode ser totalmente dura. Quer você goste, quer não, a adversidade e as provações fazem parte da vida. Tudo faz parte da vida num mundo imperfeito.

Deixar de dar atenção ao fato de que a contínua presença da adversidade também se aplica ao trabalho significa enganar-se no mais alto grau. Você freqüentemente se verá em situações dolorosas, confusões e problemas, ou então esperando que essas coisas aconteçam. Uma coisa é certa: essas situações revelarão a sua verdadeira essência.

Os contratempos podem atormentá-lo um pouco, abatê-lo ou fazer com que você dê um passo atrás, avalie sua situação e determine o que você pode aprender. A vitória chega quando você aceita o fato de que os desafios, as dificuldades e, às vezes, os desapontamentos dolorosos que você vivencia não precisam arruinar a sua vida. Walt Dis-

*O sucesso não é medido pelo que o homem realiza e sim pela oposição que ele encontrou e pela coragem com que ele sustentou a luta contra desigualdades esmagadoras.*

CHARLES LINDBERGH

ney fez certa vez a seguinte reflexão: "Todos os reveses que tive na vida, todos os meus problemas e obstáculos me fortaleceram ... embora você não se dê conta disso na ocasião, um soco no queixo pode ser a melhor coisa que já lhe aconteceu." Provavelmente vamos precisar de um grande número de argumentos para nos deixar convencer da verdade dessas palavras, mas dar passos pequenos e paulatinos nessa direção já é um começo.

Todos os dias, muitas pessoas conseguem vencer desafios desastrosos e, às vezes, aparentemente insuportáveis. Em vez de protestar contra a injustiça da sua situação, o que parece ser extremamente popular hoje em dia, elas ajustam as suas atitudes, aproveitam a sua energia e se erguem para que o seu desempenho ocorra num nível mais elevado. Em muitos casos, a sua atuação é bem superior aos resultados esperados.

Vou refrescar a sua memória com relação a algumas dessas pessoas. Apesar de seu primeiro romance (*A Time do Kill*) ter sido rejeitado por 28 editoras, John Grisham vendeu milhões de exemplares de livros como *The Firm* e *The Client*. É preciso muita coragem para continuar a escrever depois de 28 pessoas terem dito que nosso trabalho não é grande coisa. Hoje, sempre que lança um livro, ele chama a atenção dos jornais, dos críticos literários e dos produtores cinematográficos. É comum hoje em dia ver o nome de Grisham e os títulos dos seus livros nas listas dos mais vendidos dos Estados Unidos. Grisham provavelmente concordaria com Harry Emerson Fosdick, que disse: "A vida não pergunta simplesmente o quanto você é capaz de fazer. Ela pergunta o quanto você consegue suportar e ainda assim permanecer íntegro. A adversidade é um grande teste de caráter!"

Jane Pauley concordaria com essas palavras. O fato de ela ter perdido seis vezes a eleição para Homecoming Queen* na escola não impediu que se tornasse uma personalidade famosa da televisão. Depois, no auge de uma carreira aparentemente perfeita, ela é estimulada a deixar a proeminência nacional, fato que foi bastante divulgado. Ela tinha chegado ao seu limite, certo? Errado. Não para Jane Pauley. Ela deu um passo atrás, reconcentrou suas energias e seguiu em frente, ajudando a criar um programa de notícias premiado que uma vez mais possibilita que ela brilhe diante das câmeras.

"Mostre-me alguém que tenha feito algo de valor", disse Lou Holtz, "e eu lhe mostrarei alguém que superou a adversidade." O campeão de mergulho Greg Louganis é um bom exemplo. Ele estava em primeiro lugar nas preliminares do salto de trampolim nas Olimpíadas de Verão de 1988 quando bateu com a cabeça no nono salto. Nem mesmo os pontos conseguiram atrapalhar sua concentração. Em vez de desistir, Louganis se mostrou determinado e executou um dos melhores saltos da competição. A adversidade faz que algumas pessoas desistam, ao mesmo tempo que estimula outras a tentar alcançar níveis mais elevados. "A adversidade faz com que alguns homens se abatam e outros batam recordes", declarou William Arthur Ward.

Franklin Delano Roosevelt ficou paralisado em decorrência da poliomielite aos 39 anos de idade, mas ele não deixou que a dor e a deficiência física o impedissem de realizar o seu potencial. Oito anos mais tarde, ele se tornou governador do estado de Nova York e, em 1932, foi eleito presidente dos Estados Unidos. A próspera carreira de

---

* Um evento anual nas escolas e universidades americanas que comemora a visita de ex-alunos. (N.T.)

Steve Palermo como árbitro da Liga Americana foi interrompida quando ele foi atingido por um tiro ao tentar ajudar a vítima de um assalto. Após centenas de horas de reabilitação, ele recuperou o uso parcial das pernas e voltou ao beisebol como assistente especial do presidente do conselho diretor da Major League Baseball. Woody Allen foi reprovado em produção de filmes na New York University e no City College de Nova York. Nem mesmo o fato de ser reprovado em inglês impediu que Allen se tornasse um escritor, produtor e diretor premiado pela Academia.

Esses homens, de procedência e experiências diferentes, compartilham um vínculo comum. A vida não foi fácil para eles. Algumas coisas más simplesmente acontecem (como a poliomielite), outras acontecem a nós (como levar um tiro) e outras coisas ruins podem ser resultado das nossas deficiências (como sermos reprovados em cursos). Independentemente da situação, Napoleon Hill estava certo. "A vida é uma luta", disse ele, "e as recompensas vão para aqueles que enfrentam e superam as dificuldades e avançam em direção ao desafio seguinte."

Robert Schuller declarou: "Quase todas as pessoas que conseguem vencer em condições aparentemente impossíveis são pessoas que simplesmente não conseguem desistir." Tomemos o caso de Lee Iacocca, por exemplo. Ele estava no auge da sua carreira em 1978. Iacocca acabara de conquistar dois anos de lucros excepcionais para a Ford Motor Company quando Henry Ford o chamou ao seu escritório e o demitiu. Em duas semanas, depois de encerrar sua carreira de 32 anos na Ford, Iacocca assumiu o controle da Chrysler Corporation, que estava em crise, à beira da falência. Além de ter que de lidar com o fato de ter sido demitido, ele agora estava diante de um tremendo desafio para manter a Chrysler em funcionamento. Iacocca fez o possível e o impossível. Implorou ao governo que lhe concedesse um empréstimo, concordou em abrir mão do seu salário, percorria os andares da fábrica para manter viva a esperança e transformou um grande desapontamento pessoal e uma iminente tragédia empresarial na maior oportunidade da sua vida.

Vanessa Williams foi obrigada a renunciar em 1984 à posição de primeira Miss América negra da história por ter posado nua para algumas fotos quando adolescente. Uma coisa leva à outra. Ela foi recusada pela diretoria de um apart-hotel em Nova York por ser considerada uma "pessoa inadequada". Seu teste para o musical *My One and Only* foi vetado por aqueles que detinham o poder. Williams persistiu e conseguiu se tornar uma cantora de renome, com várias indicações para o Grammy Award, além de obter o papel principal, imensamente aplaudido, em *O Beijo da Mulher Aranha*.

Ao olhar para trás e contemplar seus reveses, a sra. Williams certamente se identificaria com as palavras do dr. Samuel Johnson: "O maior prazer que a vida nos concede é o de superar as dificuldades, passar de uma etapa do sucesso para outra, criar novos desejos e vê-los satisfeitos."

Ao contemplar as pessoas realizadas que mencionei e sua incrível tenacidade, devemos extrair coragem e conforto das suas experiências. O fato de elas terem se recusado obstinadamente a deixar que a adversidade obscurecesse a sua vida é uma prova da nossa capacidade de lidar com as circunstâncias desagradáveis da vida. "A história demonstrou", comentou o editor B. C. Forbes, "que os mais notáveis vencedores geralmente enfrentam terríveis obstáculos antes de triunfar. Eles vencem porque se recusam a se deixar abater pela derrota."

> *A fator mais importante e decisivo na vida não é o que nos acontece, e sim a atitude que adotamos diante do ocorrido. A revelação mais certa do caráter da pessoa é a maneira como ela suporta o sofrimento. As circunstâncias e as situações podem colorir a vida, mas Deus nos concedeu a graça de poder escolher a cor ...*
>
> CHARLES R. WOODSON

Talvez você tenha se sentido como o humorista que disse: "Certa vez, quando eu estava abatido, uma pessoa me disse: 'Anime-se, as coisas poderiam ser piores.' Eu me animei — e elas ficaram piores!" "Quando as coisas estão ruins, nos consolamos um pouco pensando que elas poderiam ficar piores", disse Malcolm Forbes. "E quando elas ficam, encontramos esperança na idéia de que as coisas estão tão ruins que elas só podem melhorar."

Crie coragem. Os pontos baixos na sua carreira são inevitáveis. A vida é uma mera mistura de prazer e dor, destinados a produzir a maturidade. Eles também são imprevisíveis. Raramente sabemos qual o desafio que nos espera depois da curva.

A adversidade não respeita as pessoas. Ela é totalmente imparcial. O fato de você experimentar um revés na vida não significa que você seja uma má pessoa. Você é um ser humano. Não pergunte: "Por que eu?" Uma reação mais adequada é: "Por que não eu?" William James acreditava que "A aceitação do que aconteceu é o primeiro passo na superação de qualquer infortúnio".

Os períodos de frustração são temporários. Eles não duram para sempre e, considerando sua carreira como um todo, são de curta duração. Henry Ward Beecher acreditava haver um propósito para a dor desses breves momentos: "Os problemas são com freqüência os instrumentos com os quais Deus nos prepara para coisas melhores." Toda dificuldade encerra a oportunidade de mudança, crescimento e construção do caráter. Cada experiência é uma parte natural do processo de moldar a pessoa que você pode se tornar e preparar o caminho para o sucesso profissional que você pode alcançar. Deus não faz que as coisas más aconteçam, mas faz uso delas para o nosso desenvolvimento.

Stedham Graham afirmou: "Você pode reagir de duas maneiras quando sua visão de uma vida melhor é desafiada. Você pode desistir ou avançar." Quando se vir diante de situações indesejáveis, você pode "avançar":

1. Procure saber exatamente o que está enfrentando. Conheça os fatos.

2. Reflita sobre qual seria o pior resultado possível e de que modo você lidaria com ele.

3. Examine quais as vantagens que você poderá extrair dessa dificuldade.

4. Use a situação para entender melhor a si mesmo e intuir estratégias para lidar com o desafio.

5. Comece a tomar medidas que o preparem o para o pior resultado possível.

6. Recuse-se a sentir pena de si mesmo.

7. Aceite a total responsabilidade pela sua atitude.

8. Trabalhe com o espírito inabalável de enfrentar o desafio.

9. Concentre-se continuamente em como você irá evoluir a partir da situação.

10. Reconheça todas as coisas boas da sua vida.

Você pode navegar pelos reveses da vida e se recusar a ceder ao impulso de desistir. Haverá momentos em que seus sonhos serão esmagados e suas esperanças obscurecidas. Você poderá se sentir um completo fracasso ou começar a questionar sua competência. A dúvida se insinuará, fazendo você se perguntar se as coisas um dia ficarão melhores.

Norman Vincent Peale suportou sua quota de adversidade e mesmo assim emergiu cada vez mais forte e positivo. Em *Enthusiasm Makes the Difference*, ele escreveu o seguinte: "Sem lutar, como uma pessoa poderia se tornar equilibrada, madura e forte? Os problemas e o sofrimento não só são inevitáveis como também atendem a um propósito criativo definido. Você aprendeu gradualmente a considerar as dificuldades como parte do processo de amadurecimento. Desse modo, quando as coisas ficarem difíceis, assuma a atitude de que os pontos complicados estão sendo eliminados, de que você está sendo moldado para o verdadeiro propósito da sua vida. Por mais dura e desagradável que possa ser uma dificuldade, ela é a fonte de um desenvolvimento em potencial." Cabe a você determinar o impacto que a adversidade exerce na sua vida.

## COMO SAIR DO FUNDO DA LATA

Recebi um convite para dirigir um seminário de um dia intitulado "Como Trazer à Tona o Que Há de Melhor em Você", oferecido por uma escola que estava tentando se aproximar dos alunos de um grupo de risco. Este seminário motivacional, voltado para o desenvolvimento pessoal, era oferecido a todos os alunos matriculados na escola. Cheguei de manhã bem cedo para me organizar e me preparar mentalmente para o dia. Experimentei então o supremo aniquilador do ego — ninguém compareceu. Exatamente nem uma única pessoa apareceu, e, para culminar, o organizador do seminário não se mostrou surpreso. "Apesar de oferecermos aos alunos uma remuneração caso compareçam", disse ele, "eles não parecem perceber as vantagens do seminário."

"Por favor, ajude-me a entender o que você está dizendo", eu pedi, demonstrando minha incredulidade.

"Você costuma pescar?", perguntou o meu anfitrião.

"Só se não houver outro jeito", respondi, e nós dois rimos.

Depois ele ficou sério e disse: "Imagine dois pescadores sentados à margem de um rio, um perto do outro, aproveitando o calor do dia e desfrutando seu passatempo predileto. Um dos pescadores está

*Devemos procurar maneiras de ser uma força ativa na nossa vida. Devemos assumir o comando do nosso destino, projetar uma vida sólida e verdadeiramente começar a viver os nossos sonhos.*

LES BROWN

se esforçando para manter dentro da lata os caranguejos que usa como isca. Os caranguejos insistem em subir pela lateral da lata, e o pescador os empurra para baixo o tempo todo. Ele repara que seu colega não parece ter problemas com a isca. Os caranguejos dele ficam imóveis no fundo da lata.

'Como você impede sua isca de escapar?', perguntou o pescador ao seu colega.

'É muito simples', explicou o homem. 'Tenho um caranguejo que adora o fundo e fica ofendido quando os outros tentam escapar. Quando isso acontece, ele os puxa de volta para o fundo da lata. No final, todos acabam ficando satisfeitos em permanecer no fundo da lata.'"

"Esta é uma história de impacto!", eu disse.

"É mais do que uma história", respondeu ele de imediato. "É um modo de vida."

Olhei fixamente para o pára-brisa do meu carro alugado no caminho de volta para o aeroporto. A frase "É um modo de vida" estava se repetindo no meu ouvido. Ela explicava o constante índice de desemprego, a freqüência do alcoolismo, a história do comportamento de autodestruição, sem falar na falta de interesse pelos programas de desenvolvimento pessoal. Por mais que uma pessoa tentasse escapar, a força de atração que a fazia permanecer no fundo da lata prevalecia.

Toda cultura, sociedade, comunidade e organização tem uma parcela da população que permanece "no fundo da lata" e que ameaça espalhar uma epidemia de desespero. O "fundo da lata" isola as pessoas do mundo real, oferecendo uma falsa sensação de segurança, conforto e proteção contra a realidade do mundo exterior. Elas permanecem isoladas das grandes oportunidades do mundo, das riquezas da vida e da possibilidade de alcançar algo melhor proclamando-se vítimas. Sua fuga é adiada, quando não é totalmente impedida, pela relutância que elas sentem em deixar de ser vítimas passivas e passar a ser pessoas ativas e empreendedoras. Em última análise, suas manobras enganosas privam tanto elas mesmas quanto aqueles que as cercam de escolhas, atitudes e ações positivas na vida.

Quando aprendemos a desprezar mentalmente o "fundo da lata", começamos a tomar providências para escapar dos hábitos destrutivos, do trauma emocional, do discurso relacional e da mentalidade de vítima. "No momento em que o escravo decide que não será mais escravo, ele se livra dos grilhões", acreditava o indiano nacionalista e líder espiritual Mohandas Gandhi. "Ele se liberta e indica o caminho para os outros. A liberdade e a escravidão são estados mentais." Adoro esse comentário final que diz que a liberdade e a escravidão são estados mentais. Ambos representam uma escolha. Viver no fundo da lata é uma opção.

Eu o desafio a viver uma vida de poder, na qual você é responsável por escapar das prisões de infelicidade criadas por você mesmo, resistindo à atração das pessoas e dos ambientes perniciosos. O dr. Benjamin Elijah Mays, ex-presidente do Morehouse College, expôs a situação de um modo perfeito: "Não é o seu ambiente; é você — a qualidade da sua mente, a integridade da sua alma e a determinação da sua vontade — que decidirá o seu futuro e moldará a sua vida." Não conte com nenhuma outra pessoa para vir libertá-lo. Assuma o comando da sua fuga. É você que precisa ver e defender os benefícios futuros desse estilo de vida que você determinou, caso contrário a motivação para assumir o comando da sua vida se perderá.

*No rio da vida existem fortes correntes que, quando não são enfrentadas, nos carregam rio abaixo. Podemos escolher ser vítimas passivas dessas correntes ou começar a avançar contra elas com determinação.*

KURT D. BRUNER

A jornada da subida pela lateral da lata começa com você. Tome a iniciativa e dê o primeiro passo. Suba com determinação, esperando um puxão que quer fazer você voltar para o fundo. Resista. Não desista e não ceda. Essa atitude requer coragem, mas a visão e a experiência do lado de fora valem o esforço despendido.

# REPENSE SUAS OPINIÕES

✳

*Mantenha o rosto voltado
para o sol e você não
conseguirá ver a sombra.*

**HELEN KELLER**

# ACENTUE O
# QUE É POSITIVO

*A vida encerra, de fato, muitos infortúnios, mas a mente que contempla cada objeto em seu aspecto mais agradável, e cada dispensação duvidosa como cheia de um bem latente, tem dentro de si um antídoto poderoso e perpétuo.*

LYDIA H. SIGOURNEY

Uma pequena planta chamada drósera, ou "orvalinha", cresce no sertão australiano. Ela tem um caule delgado e pequenas folhas redondas orladas com filamentos que cintilam com gotas luminosas de fluido. Florescências vermelhas, brancas e cor-de-rosa, atraentes e inofensivas, adornam a planta.

No entanto, se examinarmos as folhas, perceberemos que elas são mortíferas. A reluzente umidade de cada folha é pegajosa e aprisionará qualquer inseto que flerte com ela. Quando o inseto luta para se libertar, a vibração produzida faz que as folhas fechem o cerco ao redor dele. A planta de aparência inocente alimenta-se então da sua vítima.

As folhas da negatividade, dos lamentos, dos gemidos, das queixas, das reclamações e da autocomiseração parecem inofensivas. No entanto, elas são armadilhas mortais. Sufocam sua capacidade de sustentar uma visão objetiva das suas experiências e o colocam na trilha mais curta para o desânimo e a depressão.

Você já conheceu alguém que parece estar contra tudo e todos? Preste atenção às conversas ao seu redor. Igrejas, comunidades, organizações e até famílias inteiras estão sendo invadidas pelo que está errado. Por mais positiva que seja uma coisa, sempre existe alguém que enxerga seu lado negro. A vida dessas pessoas reside em adotar a posição contrária com relação a quase todas as questões. Forma-se uma estrutura mental na qual elas acreditam que sua obrigação é apontar para o mundo os aspectos negativos da vida. Que estilo de vida miserável e restritivo! E quais as vantagens dele? Nenhuma. Zero. Nada que possa ser construtivo.

O comentário de Helen Keller merece nossa atenção. Se nossa mente se concentrar o tempo todo no que está errado, impediremos que qualquer luminosidade penetre o nosso mundo sombrio. A quantidade de energia despendida nesse estilo de vida é simplesmente fenomenal. A acentuação dos aspectos positivos poderia exigir uma transfusão de pensamentos e um regime intensivo de otimismo para superar a atual desgraça auto-imposta, mas qualquer esforço compensaria.

Dan Millman escreveu em *O Caminho do Guerreiro Pacífico*\*: "A mente é o nosso grande problema. Ela quer ficar isenta da mudança, livre da dor e desembaraçada das obrigações da vida e da morte. Mas a mudança é uma lei e nenhum fingimento alterará essa realidade." Você tem a capacidade de alterar o impacto da mudança. O que você pensa, diz e faz a respeito da mudança determinará sua atitude com relação a ela e sua capacidade de lidar com ela. Você enxerga em cada situação aquilo que foi condicionado a ver. A maneira como você interpreta mentalmente o que está acontecendo é bem mais importante do que os acontecimentos em si.

---

\* Publicado pela Editora Pensamento, São Paulo, 1993.

Como você pode acentuar o que é positivo?

- Lembre-se das suas escolhas.

- Permaneça concentrado no seu propósito.

- Conserve o senso de humor.

- Olhe além da situação atual.

- Aceite as emoções negativas, lide com elas e siga em frente.

- Elimine a negatividade.

- Comporte-se de um modo coerente com a maneira como você quer se sentir.

- Inclua a diversão nas experiências do dia-a-dia.

As pessoas que têm um excelente desempenho mantêm uma atitude positiva e produtiva com relação à mudança. A razão é simples. Ao se concentrar no que está dando certo, você aumenta sua capacidade de lidar com a mudança. Acentuar os aspectos positivos é um hábito que vale a pena cultivar. No entanto, não pense que a transformação pode acontecer da noite para o dia. Seja paciente consigo mesmo e com aqueles que o cercam, mas assuma o compromisso sincero de começar a usar sua energia para criar idéias novas, realizar seus sonhos e tirar proveito das vantagens geradas pela mudança. Você ficará impressionado com o seu dinamismo.

# ROMPA AS CORRENTES

Ramananda, um indiano vigoroso de apenas cinqüenta quilos, estava sentado no meio de um dos auditórios da Universidade de Minnesota numa noite quente de agosto. O dr. O. P. Tiwari, de Chicago, o descreveu para o auditório. "Por favor, não se esqueçam de que Ramananda tem 68 anos. Ele é um milagre da medicina que fez ininterruptamente cinco mil flexões."

Uma corrente de aço com elos de mais de um centímetro de espessura foi trazida ao palco. "Aproximem-se e tentem rompê-la", foi o desafio do dr. Tiwari ao auditório. Dez pessoas, cinco de cada lado, nada conseguiram fazer.

A corrente, de quase dois metros de extensão, foi enrolada na cintura de Ramananda, esticada entre suas pernas dobradas e ligada a uma barra de metal debaixo dos seus pés. "Vocês agora vão ver o que pode acontecer quando a mente está sob controle", anunciou o Dr. Tiwari.

O homem pequeno e esguio, sentado no chão, amparou-se na barra que estava debaixo dos seus pés. Seu corpo se retesou, e as pernas foram lançadas para a frente. Um dos elos da corrente se partiu ao meio!

*Impossível é uma palavra que só se encontra no dicionário dos idiotas.*

NAPOLEÃO BONAPARTE

> *É espantoso o quanto podemos realizar antes de descobrir que somos incapazes de fazer uma coisa.*
>
> GENERAL LESLIE GROVES

✳

Minha primeira reação foi pensar: "Isso é impossível!" E, no meu caso, essa afirmação provavelmente é verdadeira, não por causa da corrente ao redor do corpo, e sim devido às correntes que eu coloco em volta das minhas expectativas. Charles Kettering estava se referindo a essa questão quando disse: "As pessoas comuns podem fazer coisas impressionantes quando não têm idéias preconcebidas."

As coisas comuns ou esplêndidas só são alcançadas por aqueles que ousam acreditar que sua força interior é maior que o desafio. Essa atitude que rompe correntes abre a porta para oportunidades virtualmente ilimitadas.

A nadadora Susie Maroney rompeu a corrente da impossibilidade nadando os 180 quilômetros entre Cuba e os recifes da Flórida.

Maroney, de 22 anos, chegou a terra firme 24 horas e meia depois de sair de Havana, tornando-se a primeira mulher a atravessar a nado o estreito da Flórida. Ela emergiu das ondas queimada pelo sol e marcada pela ardência das águas-vivas, mas também com o conhecimento de que havia feito o que nenhuma mulher havia feito antes. "Centenas de vezes eu pensei em parar", disse ela, com a língua inchada por causa da água salgada. "Meu corpo está todo dolorido."

Doug Larson declarou certa vez: "Algumas das maiores façanhas do mundo foram realizadas por pessoas que não eram suficientemente espertas para saber que eram feitos impossíveis." Talvez alguns de nós não sejam tão inteligentes quanto julgam ser. Que correntes o estão impedindo de realizar o que você deseja? Que dúvidas e receios costumam invadir a sua mente sempre que você pensa em enfrentar uma tarefa difícil?

Romper as correntes não é uma questão de escalar uma montanha mais alta, nadar um percurso mais longo ou criar um negócio de maior porte. É uma questão de conquistar a si mesmo — suas esperanças e seus temores.

O que você conseguiria fazer se não soubesse o que é capaz de fazer?

# NÃO POLUA
# O AMBIENTE

> *O veneno do pessimismo gera uma atmosfera geral de negativismo na qual apenas o lado ruim de todas as coisas é enfatizado.*
>
> CHARLES SWINDOLL
>
> ✳

As pessoas que se queixam e se lamentam envenenam o mundo com sua poluição verbal. Esse é um problema frustrante. Todo mundo sofre com ele, muitos contribuem para ele e poucos percebem o que estão fazendo.

Há vários anos, a revista *Psychology Today* publicou um artigo a respeito de um homem que ficou se queixando três horas por dia durante dez anos. Diariamente ele dava telefonemas, escrevia ou conversava com alguém sobre o que ele achava que estava errado no mundo. O artigo chegou à conclusão de que, em vez de mudar alguma coisa o único resultado da atitude do homem foi deixá-lo infeliz.

A poluição verbal é altamente contagiosa, especialmente para as pessoas que trabalham ou vivem juntas. Quando você é cercado por um lamuriante profissional, é fácil contrair o hábito. Tome cuidado para não se tornar um dos destruidores do ambiente descritos a seguir.

- **Criadores de catástrofes.** Essas pessoas exageram tudo o que acontece. Pequenas coisas irritantes tornam-se problemas gigantescos. Se algo sai errado, tudo sai errado. Se uma pessoa num determinado departamento tem um temperamento difícil, é feita uma generalização, e todo o departamento é considerado complicado. Um adolescente com um comportamento problemático logo é visto como um exemplo da população jovem como um todo. Veja as coisas como elas são, e não através de uma lente de aumento distorcida e manchada.

- **Pessoas que vivem se queixando.** Elas dão a impressão de terem sido alimentadas na infância com picles de endro. Acordam com uma disposição de ânimo negativa e passam o dia fazendo uma lista de razões por que a vida é injusta. Sua ordem do dia é composta de histórias tristes, desamparo e uma atitude do tipo "coitadinho de mim". Freqüentemente elas promovem "*shows* de comiseração" para que os outros saibam que ninguém lhes dá o devido valor e que elas não são apreciadas. Essas pessoas são as primeiras colocadas entre as que vivem uma vida infeliz e não realizada. A convicção delas de que o mundo quer prejudicá-las e lhes dar uma vida de problemas resulta numa prisão de descontentamento construída por elas mesmas.

- **Caçadores de coisas más.** Exatamente como diz a frase, os caçadores de coisas más chegaram à conclusão de que a função da vida deles é encontrar no mundo tudo o que é nocivo para eles e para os que estão à sua volta. O interessante é que essas pessoas exibem uma atitude perfeccionista externa. Por que externa? Elas acreditam que tudo e todos que são extrínsecos a elas deveriam ser perfeitos, mas sempre há algo errado. Os outros são causadores de problemas, elas acreditam que têm pouco ou nenhum controle sobre a própria vida, e a mudança cria problemas insuperáveis.

Esse tipo de personalidade é caracterizado pela encantadora história da mãe que leva o filho para a escola. Quando ela pára o carro na frente do colégio, o menino diz: "Mamãe, não vimos nenhum idiota hoje." "Não, filho, não vimos", responde a mãe. "Mas por que você disse isso?" E o filho responde: "Ontem, quando o papai me trouxe para a escola, vimos sete idiotas no caminho."

• **Os críticos exagerados.** Você já conheceu pessoas que são contra tudo? O maior milagre do mundo poderia ocorrer diante deles, e a sua perspectiva crítica imediatamente assumiria o comando e descobriria uma minúscula falha. Os críticos se consideram intelectualmente superiores, e, por conseguinte, sua função é manter o restante de nós informado a respeito do que está errado com o mundo. Robert Kennedy disse certa vez: "Um quinto das pessoas está contra tudo o tempo todo." Esses são os críticos. As comunidades, igrejas, organizações e até mesmo famílias que têm em seu seio um crítico que as atormenta vivem com um fardo permanente.

As pessoas que envenenam verbalmente o ambiente são como o homem que entrou para um mosteiro no qual os monges só tinham permissão para dizer duas palavras a cada sete anos. Passados os primeiros sete anos, o novo candidato teve um encontro com seu superior que lhe perguntou: "Bem, quais são as suas duas palavras?"

"Comida ruim", respondeu o homem, que então foi passar outro período de sete anos em silêncio, para depois se encontrar uma vez mais com o superior.

"Quais são agora as suas duas palavras?", perguntou o superior.

"Cama dura", respondeu o homem.

Sete anos depois o homem foi chamado para se encontrar pela terceira e última vez com o superior.

"E o que você gostaria de me dizer desta vez?", perguntou ele.

"Eu desisto."

"Bem, não estou surpreso", respondeu o desgostoso mestre. "Você não parou de reclamar desde que chegou aqui."

Não seja como esse homem, que quando teve a oportunidade de falar só conseguiu encontrar palavras negativas para descrever sua experiência. Ao contrário da opinião popular, falar não é barato. Falar é extremamente caro. O que dizemos nos afeta intensamente e exerce um forte efeito sobre aqueles que nos cercam. Faça um pacto consigo mesmo e prometa evitar qualquer conversa que possa poluir ou envenenar você mesmo ou aqueles com quem você vive, trabalha ou mantém um relacionamento social.

*O que separa os bons dos excelentes jogadores é a atitude mental. Ela pode fazer uma diferença de apenas dois ou três pontos num jogo, mas a maneira como você conquista esses pontos cruciais determina a diferença entre ganhar e perder o jogo. Quando a mente é forte, você consegue fazer quase tudo o que deseja.*

CHRIS EVERT

# PROCURE O
## AZUL DO CÉU

*O pessimista se queixa do vento; o otimista espera que ele mude; o realista corrige a posição das velas.*

WILLIAM
ARTHUR WARD

Martin Seligman, em seu livro *Learned Optimism*, desenvolveu a base científica do otimismo. Segundo Seligman, podemos ser pessoas pessimistas, desanimadas e indefesas; ou podemos ser pessoas otimistas, positivas, corajosas e buscar soluções. A escolha é nossa. Ninguém mais está no comando da nossa atitude. De ambas as maneiras somos responsáveis; e desfrutamos, ou amargamos, as conseqüências.

O filme ganhador do Oscar *Forrest Gump*, um dos dez filmes mais lucrativos da história de Hollywood, é um estimulante exemplo da atitude como escolha. Embora muitos críticos tenham chamado o filme de "simplista", "excessivamente sentimental" ou um filme que simplesmente nos faz "sentir bem", minha opinião é que ele nos oferece muito mais do que isso. Aqueles que o depreciaram nas críticas são apenas pessoas negativas e pessimistas que se sentiram diretamente atingidas pela mensagem do filme.

Forrest Gump vive uma série de tragédias quase inconcebíveis e insuportáveis. Ele nasceu pouco inteligente e é posteriormente flagelado pela necessidade de usar um aparelho de correção nas pernas. Seus colegas constantemente o atormentam e implicam com ele.

Mais tarde, Forrest vai para a guerra e passa pela devastadora experiência de ver seu melhor amigo morrer nos seus braços enquanto também presencia seu corajoso comandante perder as duas pernas no campo de batalha.

A mãe que ele adorava morre diante dos seus olhos e a mulher que ele ama desde pequeno o rejeita repetidas vezes. Após insistir durante vinte anos, Forrest finalmente consegue conquistá-la e levá-la ao altar, mas ela morre poucos meses depois do casamento.

Até aqui, a história não reflete um tema que nos faça "sentir bem". Se Forrest tivesse recebido a lavagem cerebral da cultura dos nossos dias, seria de esperar que ele se declarasse uma vítima e se entregasse à autocomiseração. Em vez de se lamentar, Forrest Gump se agarra firmemente ao seu cativante e inabalável otimismo, freqüentemente expressando gratidão pelo que possui. Para ele, "a vida é como uma caixa de chocolates; nunca sabemos o que vamos pegar". Mas a mensagem inspiradora contida nessa frase é que, independentemente do que recebemos, somos nós que tornamos a vida doce ou amarga. Obrigado, sr. Gump.

Você tem uma escolha com relação às suas convicções, às suas expectativas e à maneira como você reage à vida. Sua escolha indica com precisão a pessoa que você realmente é, e, em última análise, as pessoas e o mundo ao seu redor refletem de volta para você aquilo que você exterioriza.

"O pessimista é aquele que cria dificuldades a partir das oportunidades", disse Harry Truman. "O otimista é aquele que cria oportunidades a partir das dificuldades." O otimismo não é um estado mental romântico e idealista que acredita que o futuro será automaticamente

> *O otimista é o motorista que acha que a única vaga que está vendo no meio-fio não tem um hidrante ao lado.*
>
> CHANGING TIMES

*O otimista pode enxergar uma luz onde não existe nenhuma, mas por que o pessimista sempre corre para apagá-la?*

MICHEL DE SAINT-PIERRE

✳

ideal. Em vez disso, o otimista aprende a agir de uma maneira que cria um futuro positivo.

Estão aumentando os indícios de que essa expectativa positiva ajuda o otimista a suportar o desconforto, superar o desânimo e transformar o *stress* numa energia e num impulso voltados para os resultados. A expectativa positiva também tem sido associada à autoconfiança saudável e à realização dos sonhos.

Os pessimistas, por outro lado, se sentem mal até quando estão se sentindo bem, com medo de vir a se sentir muito mal quando se sentirem melhor. Por mais agradáveis que as coisas estejam, o pessimista sempre se mostra sombrio com relação ao futuro. O epitáfio no túmulo do pessimista deveria ser: "Eu disse que isso ia acontecer." É claro, escreve George Will: "O lado bom de sermos pessimistas é que constantemente demonstramos estar certos ou somos agradavelmente surpreendidos."

É impressionante a forma como as histórias em quadrinhos conseguem demonstrar um ponto de vista com poucas palavras. Este é o caso de uma clássica história de "Pogo" dos anos 70. A história só tinha dois quadrinhos. O primeiro mostrava Pogo no meio de uma poça de lama, olhando para baixo, para a enorme sujeira que o cercava. O segundo exibia Pogo na mesma situação, mas desta vez olhando para cima, para um lindo céu azul cheio de pássaros, algumas felpudas nuvens brancas e um sol luminoso. As legendas eram simples:

*1º Quadro:* Você pode passar a vida toda olhando para a sujeira, a lama e a porcaria que está ao redor dos seus pés, ou
*2º Quadro:* Você pode olhar para cima E VER O CÉU!

Recentemente voltei de avião da Flórida até o meio-oeste. A previsão do tempo indicava que as condições atmosféricas no local de destino estavam péssimas. No entanto, as duas horas e meia que passei voando a dez mil metros de altitude foram simplesmente maravilhosas. O azul do céu estava claro e límpido, e o sol brilhava resplandecente. Quando começamos a descer através das nuvens, o avião começou a balançar. O sol desapareceu e fomos envolvidos pela escuridão das nuvens densas e cinzentas. A aterrissagem foi um pouco difícil, pois os ventos de quase cem quilômetros por hora tornaram impossível um pouso suave. Quando saí do aeroporto, a chuva fria bateu no meu rosto, e eu pensei como era irônico o fato de poucos minutos antes eu ter estado apreciando uma vista magnífica sobre as nuvens.

Exatamente como na história de Pogo, percebi que o céu é sempre azul. É apenas uma questão de para onde estamos olhando e do que esperamos ver. Se nos momentos mais sombrios o céu permanece claro, o que você está procurando?

Procure o azul do céu!

> *O otimismo é a estrutura mental que permite que a chaleira apite apesar de estar com água quente até o pescoço.*
>
> AUTOR DESCONHECIDO

# PERMANEÇA EQUILIBRADO

✳

*A suprema liberdade do homem
é a liberdade de escolher
como ele irá reagir a
cada situação específica.*

VICTOR FRANKL

# OLHE PARA AS COISAS IRRITANTES DA VIDA A PARTIR DE UMA PERSPECTIVA MAIS AMPLA

*Existe uma técnica, uma inclinação para pensar, assim como para fazer outras coisas. Você não está totalmente à mercê dos seus pensamentos, e tampouco eles são quem você é. Eles são uma máquina que você pode aprender a operar.*

ALFRED NORTH WHITEHEAD

✳

Nenhum motivo levava a acreditar que o vôo de duas horas e cinqüenta minutos de Newark, New Jersey, para Minneapolis, Minnesota, envolveria alguma coisa fora do comum. No entanto, um menino bonitinho, louro, de olhos azuis, tinha planos diferentes.

O vôo estava lotado, e levei muito tempo para conseguir chegar à minha poltrona, no centro do avião. Enquanto eu socava a minha maleta de mão no compartimento superior, um jovem passageiro, infeliz por estar amarrado na poltrona, apresentou-se ao avião lotado de companheiros de vôo gritando: "Me tira daqui! Me tira daqui!"

Encontrei o meu assento e educadamente me apresentei ao cavalheiro ao meu lado. Ficou óbvio imediatamente que ele era um passageiro nervoso que gostaria que o vôo terminasse antes mesmo de começar.

Tão logo apertei o cinto, ouvi o menino que estava sentado junto da janela, do outro lado do corredor, repetir a frase, que já se tornara familiar: "Me tira daqui!" Ele acrescentou então um segundo verso: "Iiiiii! Iiiiii!" Era um som estridente e irritante.

Quando o 727 recolheu o trem de aterrissagem e subiu em direção ao céu, eu já havia suportado dezenas de combinações de "Me ti-

— Olhe para as Coisas Irritantes da Vida a Partir de uma Perspectiva Mais Ampla —

ra daqui!" "Iiiiii! Iiiiii!" Sem dúvida a mãe logo acalmaria o filho, e eu poderia relaxar no que restava do vôo.

Mas não foi esse o caso. Com efeito, o menino tinha uma laringe bem formada que possibilitava que ele emitisse suas combinações verbais até dez vezes por minuto. Eu contei. E a perseverança dele era inacreditável.

As pessoas que podiam ouvi-lo estavam ficando visivelmente irritadas. O rapaz sentado ao meu lado tampou os ouvidos com os dedos, depois enterrou a cabeça nas mãos e, finalmente, pediu licença e foi fazer uma longa visita à parte traseira do avião. Outros passageiros colocaram travesseiros no ouvido e vários outros recorreram aos fones de ouvido. Por mais que as pessoas tentassem, não havia escapatória.

"Me tira daqui! Iiiiii! Iiiiii! Iiiiii!" O menino estava determinado a "entreter" todos os passageiros. Houve alguns curtos intervalos nos quais ele umedeceu as cordas vocais com suco de maçã. Até mesmo os comissários de bordo demonstravam certa agitação aproximando-se freqüentemente de nós e perguntando à mãe do menino se havia alguma coisa que pudessem fazer. Ela dizia educadamente que não, colocava o indicador nos lábios e pedia ao garoto que se calasse fazendo "Chhhh". Cada intervenção era acompanhada por um breve sorriso travesso e depois de "Me tira daqui! Me tira daqui!" "Iiiiii! Iiiiii! Iiiiii!" "Me tira daqui!"

O desconhecido comandante tornou-se uma pessoa popular ao conduzir o avião ao terminal e nos levar para mais perto da liberdade. Quando o sinal para apertar o cinto foi desligado, vários passageiros aborrecidos se levantaram imediatamente e lançaram um olhar de desagrado na direção do jovem companheiro de viagem. Devo admitir que também lancei um olhar irritado para o garoto, mas logo sorri, ao perceber o que o menino havia conseguido.

O menino permaneceu imperturbável. Ele respirou profundamente e respondeu ao seus críticos silenciosos com um "Iiiiii! Iiiiii! Me tira daqui!"

Enquanto eu atravessava o aeroporto para pegar a minha conexão, eu ia pensando, admirado, em como a qualidade do nosso vôo tinha sido contaminada pelo comportamento de uma criança. Lembrei-me uma vez mais de que a reação das pessoas não tinha sido determinada pelo comportamento do menino, e sim pela atitude de cada um diante desse comportamento.

Os eventos desse vôo não são diferentes do que encontramos na vida. Ninguém pode controlar as ações das outras pessoas nem os inúmeros acontecimentos da vida que costumam nos aborrecer, mas podemos controlar nossas reações, a esses comportamentos e circunstâncias.

Sua mente e seus pensamentos pertencem a você. Você controla cada reação que tem. Só você pode decidir o impacto das suas experiências. A verdade pura e simples é que você escolhe a sua perspectiva em relação à vida.

## É HORA DE LIDAR COM A SOBRECARGA

Olhe à sua volta e examine a quantidade de pessoas que estão extremamente ocupadas mas alcançam poucos resultados. O trabalho se tornou uma combinação de esforço com atividade exaustiva. A vida delas se complica por causa do excesso de compromissos e da pouca energia para dedicar a todos eles.

A mania de reuniões. A loucura dos memorandos. A enorme lista de obrigações. A correria de um lado para o outro. Os compromissos pessoais. Os compromissos de família. A confusão com relação às responsabilidades. Os telefones que não param de tocar. As pessoas exigentes. As crises inesperadas. A lista é simplesmente interminável.

Uma pesquisa de opinião realizada em conjunto pela *Time* e pela CNN descobriu que mais de 66% das pessoas gostariam de "diminuir o ritmo e viver de um modo mais relaxado" e apenas 19% responderam que gostariam de "viver uma vida mais estimulante e com um ritmo mais acelerado".

Nós nos deixamos contaminar pela sobrecarga de atividades. Esse fenômeno contagioso tem lugar quando nossa vida fica saturada a ponto de sermos incapazes de lidar com qualquer outra coisa. Na ausência da ação apropriada nós nos vemos numa rua de mão única em

*Não pode haver nenhuma crise na semana que vem. Minha programação já está completa.*

HENRY KISSINGER

direção à ineficácia pessoal. Uma "colisão" física ou emocional nos espera logo depois da curva.

Quando o trauma da sobrecarga ocorre com os computadores, discos adicionais e uma rápida transferência para os periféricos se fazem necessários para que as máquinas fiquem novamente operacionais. As informações pouco usadas são armazenadas em outros dispositivos, os grandes projetos recebem discos próprios, e os dados muito antigos são descartados. O indicador de "disco cheio" se apaga e só volta a acender quando outra sobrecarga acontece. O computador dá um suspiro de alívio e volta a funcionar normalmente.

Talvez esteja na hora de você avaliar seus arquivos de atividades. Sua energia e seu talento estão sendo ativados em direções que fazem você se sentir realizado e satisfeito com os resultados alcançados? Ou você se encontra num modo reativo e se lamenta com freqüência:

"Não tenho tempo suficiente."

"Tenho muitas coisas para fazer e pouco tempo disponível."

"Estou ocupado demais."

"Cheguei ao meu limite."

Resta um enigma que parece desencadear essas atitudes, ações e estilos de vida complicados. Trata-se do mistério do equilíbrio. Manter o equilíbrio. Contrabalançar as exigências. Perceber o que o estimula. Conhecer suas limitações pessoais. Vivenciar sua capacidade e autonomia.

A equilibrista no circo caminha sobre uma corda bem acima de uma multidão ansiosa. Ela segura nas mãos uma longa barra e sabe de antemão quanto equilíbrio é necessário para chegar ao outro lado. Para aumentar o suspense, ela se senta num monociclo sobre a corda.

A equilibrista profissional sabe que não deve começar enquanto tudo não estiver adequadamente alinhado. Somente então ela inicia sua jornada lenta e cuidadosa.

Como a equilibrista do circo, você precisa de equilíbrio na vida para garantir uma jornada bem-sucedida. Quando as pressões o fazem perder o equilíbrio, é importante que você recupere a tranqüilidade antes de prosseguir.

Não existem atalhos na busca do equilíbrio. Os instrumentos corretos são importantes, mas insuficientes. Para ir de uma extremidade a outra da plataforma, você terá de seguir uma linha reta que é determinada pelo destino final que você escolhe. E, no meio do caminho, pare e pergunte a si mesmo: "Estou realmente fazendo o que é mais importante na minha vida?"

As pessoas reativas põem a culpa no ambiente, nas outras pessoas, numa carga de trabalho excessiva e em um milhão de outros fatores exteriores a elas. As pessoas receptivas e pró-ativas se propõem assumir uma responsabilidade pessoal pela qualidade do seu dia e pelo nível da sua produtividade.

A vida não foi feita para ser vivida a uma velocidade vertiginosa. Esse ritmo inconseqüente leva à sobrecarga e à exaustão. No entanto, as experiências passadas, as expectativas das outras pessoas e as nossas atitudes pessoais com relação ao que devemos realizar exercem uma enorme influência sobre nós.

Quais são as suas convicções atuais sobre o que é "essencial" na sua programação diária? Essas coisas são realmente imprescindíveis? Ou elas estão presentes porque você encheu sua vida de coisas que

*Ninguém pode sustentar mais de três prioridades.*

*A maioria das pessoas sabe disso intuitivamente. Mas continua a assumir compromissos demais e a complicar excessivamente a vida. Meu conselho é simples. Determine quais são as suas prioridades e diga não a tudo o mais.*

ELAINE ST. JAMES

"deve fazer" e agora só lhe resta salvar as aparências? Com freqüência a nossa vida reflete as exigências de fontes externas.

Precisamos examinar a partir de uma perspectiva mais ampla as expectativas que impomos a nós mesmos, como ser perfeitos, permanecer fortes, agradar a todos e inúmeras outras possibilidades. Destrua a idéia de que você não consegue se organizar ou que não há tempo suficiente. Pare de procurar desculpas quando você não consegue cumprir os prazos. Pare de culpar os outros ou de comparar o que você é capaz de fazer com as realizações das outras pessoas.

Apague o pensamento de que correr inconseqüentemente de um lado para o outro equivale a um estilo de vida nobre. Alinhe suas atividades com o objetivo primordial da sua vida. Coloque esse propósito todos os dias no alto da sua lista de "prioridades". Sua luzinha indicadora de energia voltará a se acender, e você será estimulado a se envolver em atividades importantes.

## APERFEIÇOE SUAS HABILIDADES E CONTINUE A APRENDER

O paradoxo da mudança é que as pessoas se sentem mais ativas do que nunca, mas a produtividade freqüentemente diminui. Isso se torna um círculo vicioso de negócios sem resultados, o que gera um *stress* ainda maior. Este fato, por sua vez, faz que as pessoas hesitem em experimentar coisas novas e relutem em usar seus talentos e habilidades. O truque para fazer a mudança dar certo para você é avaliar suas habilidades e se concentrar no que você faz melhor, ativar sua iniciativa pessoal e ficar atento aos resultados.

Você recebeu uma dádiva de talentos e dons que nunca examinou. Eles são seus, mas a horrível "zona de conforto" ou o medo do desconhecido o impediram de tentar descobri-los. É hora de você fazer uma reavaliação e se abrir para novas possibilidades.

O músico Ken Medema nasceu cego, mas seus pais tomaram desde cedo a decisão de tratá-lo como uma criança normal. Ken cresceu aprendendo a jogar vários jogos, andar de bicicleta, praticar esqui aquático e inúmeras outras atividades "normais".

Os pais de Ken nunca negaram a condição do filho. Eles simplesmente afirmaram o seu valor como ser humano concentrando-se no

*Sua habilidade precisa de responsabilidade para expor as próprias possibilidades. Faça o que puder com o que você tem onde você está.*

THEODORE ROOSEVELT

que ele era capaz de fazer. Ken se transformou numa pessoa dinâmica e dona de uma forte plenitude interior que faz que tanto ele quanto aqueles que o cercam se esqueçam de que ele é cego.

Certo dia, no câmpus da universidade, Ken sem querer esbarrou em outro aluno cego que disse: "Ei, vê se olha por onde anda. Você não sabe que eu sou cego?" Em vez de chamar a atenção para a própria deficiência, Ken pediu desculpas dizendo: "Sinto muito, eu não vi você."

Você e eu estamos freqüentemente tropeçando em situações que tendem a revelar nossas fraquezas. A abordagem reativa é usar nossas fraquezas como desculpa. Em vez de fazer isso, reconheça seus erros, suas fraquezas e imperfeições, e depois *siga em frente*.

O desconforto é normal, mas não deixe que ele se torne uma desculpa para a inatividade. Não se demore pensando no que poderia ter sido. Evite concentrar-se nas possibilidades negativas. Fique atento ao que você sabe fazer melhor. Desenvolva e aperfeiçoe suas habilidades. Amplie as exigências que você faz com relação a si mesmo e você ficará surpreso com a forma como os recursos se manifestarão para ajudá-lo a ter um desempenho em um novo nível. As habilidades freqüentemente são tesouros ocultos que esperam para ser descobertos e ativados.

Talvez você precise desaprender certas coisas para poder sobreviver e se desenvolver hoje em dia. Ao perseguir um estilo de vida inovador e pró-ativo, você precisa esquecer, desconsiderar e, às vezes, desobedecer antigas regras, suposições e pensamentos restritivos que abarrotaram as células do seu cérebro. Esse tremendo desafio vai exigir que você censure antigas convicções profundamente arraigadas. É hora de extinguir o que restringe seu potencial de tirar vantagem das oportunidades ocultas. Você ficará surpreso com a quantidade de coisas que podem ser descartadas, eliminadas e esquecidas.

Eric Hoffer disse: "Num período de mudanças drásticas, os herdeiros do futuro são os aprendizes. As pessoas cultas estão equipadas para viver num mundo que já não existe mais." Já não é aceitável ficar satisfeito com o nível atual de conhecimento. Gere o impulso aprendendo algo novo, avançando, expandindo-se e permanecendo na vanguarda das exigências de hoje. Com esse novo conhecimento nas mãos, entreveja uma visão do que é possível e persiga-a implacavelmente.

Numerosos estudos foram realizados para determinar o que torna a pessoa criativa. Quem são essas pessoas que exploram o desconhecido para tornar a vida significativa? Aqueles que criam o próprio futuro são otimistas. São curiosos, observadores e transformam idéias inovadoras em soluções práticas.

Os mestres da mudança estão abertos a alternativas, mas retêm seu pensamento independente. Eles se expõem a novas idéias e informações, passam algum tempo considerando criativamente sua aplicação e depois determinam a melhor maneira de transformá-las em vantagens. Sua abertura às novas experiências lhes possibilita correr riscos e impedir que os opositores os detenham. Uma total dedicação ao que estão fazendo os torna pessoas voltadas para a ação que seguem seu propósito e realizam seus sonhos.

"Não adianta dizer 'estamos fazendo o melhor possível'", dizia Winston Churchill. "Precisamos ter êxito ao fazer o que é necessário." As pessoas bem-sucedidas nos dias de hoje são aquelas que acreditam que têm muito a aprender, mas também têm a confiança de que têm muito a compartilhar. Elas não sabem exatamente o que o futuro lhes reserva, mas contribuem com o máximo da sua habilidade.

*Se quiser ganhar qualquer coisa — uma corrida, você mesmo, sua vida — você precisa se descontrolar um pouco.*

GEORGE SHEEHAN

Não se concentre em eliminar suas fraquezas — seu esforço será inútil. Conheça as suas habilidades e coloque-se numa posição em que elas possam ser usadas. Continue a aprender o que é necessário para ser bem-sucedido. Se combinar essa atitude com o emprego responsável do seu talento, você atravessará com sucesso as situações difíceis.

# VÁ AO ENCONTRO DO SEU OBJETIVO!

✳

*Percebi que a insatisfação é a base do progresso. Quando ficamos satisfeitos com os negócios, nos tornamos obsoletos.*

J. WILLARD MARRIOTT, SR.

# RESISTA AO COMODISMO

*A finalidade do degrau de uma escada de mão não é a pessoa descansar nele, e sim usá-lo como apoio para um dos pés apenas pelo tempo necessário para colocar o outro pé num ponto mais elevado.*

THOMAS HUXLEY

O comentário do Sr. Marriott a respeito dos negócios possui uma correlação direta com as pessoas. Perguntaram a Pablo Casals, o grande violoncelista, por que, aos 85 anos de idade, ele continuava a praticar cinco horas por dia. Ele respondeu: "Porque acho que estou melhorando." Na ausência de um forte desejo de crescer, podemos nos tornar vítimas do nosso sucesso.

O comodismo pode ser uma terrível doença que se espalha por todas as áreas da nossa vida. Ela ataca quando saboreamos nossas realizações nos convencendo de que o sucesso é eterno. De repente, ficamos consternados com o sentimento horrível que toma conta de nós quando percebemos que a garantia de longevidade do sucesso expirou. O fracasso vem bater à nossa porta. Como disse Joe Paterno: "No minuto em que você acha que tem tudo sob controle, o desastre o espreita logo depois da próxima curva."

Thomas Edison acreditava que "A inquietação demonstra insatisfação — e a insatisfação é a primeira necessidade do progresso. Mostre-me um homem completamente satisfeito, e eu lhe mostrarei um fracasso". A fome e a inquietação constantes são aceitáveis. Eu as aprovo. A perseguição afoita de mais dinheiro, mais reconhecimento, mais *status*, da aprovação dos colegas ou de quaisquer medidas que usemos para determinar o sucesso não o é. Os momentos passageiros de sucesso podem desaparecer rapidamente, mas a vida bem-sucedida pode ser continuamente renovada.

A insatisfação criativa o fará avançar rapidamente. O egoísmo obstinado impede o progresso. A vida precisa de equilíbrio.

A telejornalista americana Barbara Walters conhece o sucesso. Durante sua ascensão, ela fez o seguinte comentário: "O sucesso pode nos fazer seguir dois caminhos. Pode nos transformar numa pessoa temperamental e convencida — ou pode suavizar as arestas, eliminar a insegurança e deixar as coisas boas virem à tona." Esse desafio de equilíbrio requer um considerável esforço, determinação, autodisciplina e um claro entendimento do que o sucesso significa para nós.

Quando o sucesso é visto como um *continuum* de crescimento na nossa maturidade espiritual, na realização profissional, no bem-estar pessoal, no desenvolvimento dos relacionamentos, na administração das finanças e na expansão mental, resta pouco espaço para o comodismo. Fundamentado nesse paradigma de sucesso, dou muito valor aos momentos que passo com as pessoas bem-sucedidas. Presenciar o progresso delas na jornada em direção ao sucesso me deixa entusiasmado com as possibilidades que existem na minha vida. Você não precisa, nem deve, comparar suas realizações ou sua vida com as de outras pessoas, e sim usar estas últimas como um modelo para que você possa subir. Observe como os vencedores raramente evitam as oportunidades de crescer e expandir sua visão. Sinta o espírito que os impulsiona na direção dos sonhos que querem alcançar. Preste bastante atenção ao estilo de vida de um vencedor e pense em como você poderá definir o seu futuro.

Lembre-se sempre de que, se quiser chegar ao alto da escada do sucesso, você precisa começar pelo primeiro degrau. Está bastante congestionado lá embaixo. Com efeito, um dos obstáculos mais difíceis que você irá enfrentar ao galgar o *continuum* do sucesso é o engarrafamento causado pelas multidões que se acomodaram no lugar a que chegaram. Não deixe que essas pessoas o distraiam. Continue a subir e a tentar se tornar e vivenciar tudo que esta vida maravilhosa tem a oferecer.

# EXERCITE A MENTE

Uma equipe da área de desenvolvimento de produtos da Campbell Soup Company se reuniu há alguns anos para uma sessão de *brainstorming*. O grupo começou escolhendo aleatoriamente a palavra "cabo" em um dicionário. Pela livre associação, alguém sugeriu a palavra "utensílio", que levou à palavra "garfo". Um dos participantes fez uma brincadeira a respeito de uma sopa que poderia ser ingerida com garfo. A equipe argumentou que só seria possível ingerir sopa com garfo se ela tivesse pedaços de carne e legumes — e nasceram as Chunky Soups da Campbell (sopas com pedaços de carne e legumes), uma linha de produtos de enorme sucesso.

Não há nada místico na criatividade. As pessoas têm a tendência de pensar que a criatividade está reservada para uns poucos escolhidos e que o restante de nós permanecerá destituído de qualquer direito inato inovador. Nada poderia estar mais distante da verdade. Eis algumas maneiras práticas de estimular o espírito criativo. Relaxe. Deixe que sua mente desfrute a jornada em direção à solução criativa de problemas, ao desenvolvimento de idéias ou à criação de produtos.

*A melhor cura para a mente preguiçosa é perturbar a rotina dela.*

WILLIAM DANFORTH

**1. Pense de um modo diferente.** R. Buckminster Fuller era um homem de muitos talentos. Ele passou a vida adulta como inventor, engenheiro, arquiteto, poeta e astrônomo. "Bucky", como seus amigos o chamavam, era acima de tudo um pensador criativo. Ele foi responsável pela invenção, desenvolvimento e implementação de mais de 170 idéias patenteadas. Ele escreveu 24 livros e fez 57 viagens ao redor do mundo, compartilhando com os outros seu abundante suprimento de idéias.

Por ser um aluno jovem e não-conformista, Fuller foi expulso de Harvard no seu primeiro ano na universidade. Seu entusiasmo e criatividade permaneceram inalterados. Fuller chegava a passar 22 horas por dia estudando matemática, arquitetura e física. O conhecimento que ele adquiriu sozinho, aliado às suas idéias criativas, fizeram dele um homem à frente do seu tempo e o principal inventor de produtos futuristas. Com efeito, ele foi freqüentemente rotulado de excêntrico porque suas idéias pareciam impossíveis na época. No entanto, as afrontas e as críticas pouco afetavam Bucky e ele continuou a criar, projetar e inventar coisas até morrer.

R. Buckminster Fuller tornou-se um dos grandes inovadores do século XX. Seu gênio criativo procedia deste pensamento simples e ao mesmo tempo profundo: "As pessoas devem pensar coisas diferentes em vez de aceitar as condições convencionais e a maneira convencional de fazer as coisas."

Murray Spangler desenvolveu a estrutura mental recomendada por Bucky Fuller. Na qualidade de zelador de uma loja de departamentos, Spangler sofria muito por causa da poeira que sua vassoura levantava. A dificuldade de respirar e a tosse o estimularam a descobrir uma maneira "não-convencional" de limpar o chão.

"Por que não eliminar a vassoura", pensou ele, "e, em vez disso, sugar a poeira?" Seu amigo, H. W. Hoover, financiou o primeiro aspirador, esquisito, porém funcional. O pensamento futurista e ordenado de Spangler possibilitou que ele superasse o desconforto pessoal e fosse além do pensamento convencional.

Os pensadores não-convencionais, as pessoas que exercitam o cérebro, tendem a tropeçar em grandes descobertas ao perseguir idéias singulares. Em 1953, o químico de uma indústria de foguetes insistiu em desenvolver uma fórmula de deslocamento de água. Na quadragésima tentativa, ele conseguiu criar uma substância usada em 79% dos lares americanos.

De acordo com o *USA Today,* o produto é usado para soltar dedos do pé que ficam presos nas torneiras da banheira, curar sarna em cachorros, tirar dedos que ficam presos em garrafas de refrigerante; tornar iscas para peixes mais atraentes; afrouxar porcas e parafusos enferrujados; tirar ladrões dos sistemas de ventilação; silenciar rodas e molas que rangem; tornar mais flexíveis joelhos e cotovelos com artrite.

Qual é o produto? Pense um pouco. Deslocamento de água. Quarenta tentativas. É o WD-40®. A famosa lata azul e amarela contém um produto extremamente útil em inúmeras emergências não-convencionais.

**2. Expanda o seu modo de pensar atual.** Pablo Picasso tinha uma atitude revolucionária diante da criatividade. Certo dia, ele estava do lado de fora da sua casa examinando o jardim. Uma velha bicicleta enferrujada apoiada na varanda chamou a atenção dele. Picasso se concentrou na composição mental da bicicleta e notou que o guidão lembrava os chifres de um boi. Ele retirou o guidão da bicicleta,

*Alguns pintores transformam o sol numa mancha amarela; outros transformam uma mancha amarela no sol.*

PABLO PICASSO

foi para seu ateliê e criou a escultura de um touro em pleno ataque. Picasso recorreu à sua imaginação criativa para transformar o comum em algo dramático. O sucesso criativo de Picasso foi atribuído à sua capacidade de expandir um tema para criar outro.

Mais tarde na vida, Picasso revelou o segredo que permitia que ele escapasse da visão limitada das coisas. "Todo ato criativo é, em primeiro lugar, um ato destrutivo", afirmava ele. Precisamos inicialmente romper as barreiras das limitações atuais e dos pensamentos restritivos, destruindo antigos hábitos que sufocam nosso esforço criativo. Somente então podemos explorar nosso gênio criativo.

**3. Desafie as regras estabelecidas.** O especialista em criatividade Roger Von Oech diz que "É necessário desafiar as regras estabelecidas para despertar nossa criatividade". Von Oech relata como, no inverno de 333 a.C., Alexandre, o general macedônio, e seu exército chegaram à cidade asiática da Górdia para passar o inverno. Alexandre é informado da lenda sobre o famoso nó da cidade, o "Nó Górdio". Segundo a profecia local, quem conseguisse desfazer esse nó extremamente complexo se tornaria rei da Ásia. Alexandre fica fascinado pela lenda e pede que lhe mostrem o nó, pois ele quer tentar desfazê-lo. Ele analisa o estranho nó e faz inúmeras tentativas infrutíferas para encontrar a extremidade da corda.

Sem se deixar impressionar pelo seu fracasso, ele enfrenta o desafio usando o conselho de Picasso. Alexandre saca a espada e corta o nó em dois ... assumindo desse modo o controle da Ásia.

**4. Aja como um louco.** As pessoas criativas estão constantemente em busca de idéias inovadoras. Elas recriam e reorganizam o presente descobrindo maneiras novas de tratar problemas específicos. Elas usam a criatividade para encontrar novas soluções (às vezes usando idéias desconexas que se encaixam na situação atual). Muitas vezes as idéias aparentemente mais loucas se revelam as mais bem-sucedidas. Embora essa atitude costume atrair críticas, os pensadores criativos continuam a pensar em coisas diferentes, conscientes de que as idéias novas freqüentemente resolvem problemas complexos.

As idéias novas serão criticadas pelas massas, mas Everett M. Rogers afirma que "Quando 5% da sociedade aceita uma idéia, a população é impregnada por ela. Quando 20% concorda com ela, é impossível detê-la". Até mesmo as idéias que não podem ser detidas são criticadas.

"Não podemos colocar um jacaré numa camisa no lugar do bolso. Ninguém vai comprar uma coisa assim!"

"Você quer me vender uma receita de frango? Essa idéia jamais dará certo, coronel Sanders!"

"Sr. Bell, por favor, retire esse brinquedo ridículo do meu escritório. Não há espaço no mercado para um telefone."

"Você acha que eu sou idiota? É impossível colocar música numa fita Scotch."

Os livros de história estão cheios de personagens que compreenderam que a criatividade começa pela destruição de possíveis limitações e que permanecem intocadas pela crítica.

**5. Procure novas possibilidades.** Albert Einstein era o melhor dos pensadores criativos quando fez o seguinte comentário: "Formular novas questões, novas possibilidades e analisar antigos problemas a partir de um novo ângulo requer uma imaginação criativa." A criatividade nasce do compromisso pessoal de formular novas questões, de explorar novas possibilidades, de observar antigos problemas a partir de um novo ângulo e de estar disposto a implementar idéias que possam não estar em harmonia com a maneira habitualmente aceita de fazer as coisas.

Charles Darrow foi um vendedor que viveu na época da Grande Depressão e que deve ter sido um defensor do pensamento de Einstein. Quando o cargo de vendedor deixou de existir, ele conseguiu sobreviver levando cachorros para passear, lavando carros e fazendo outras coisas desse tipo. À noite, ele trabalhava desenvolvendo o projeto de um jogo de tabuleiro no qual várias pessoas poderiam jogar ao mesmo tempo. A visão de Darrow era que houvesse um jogo desse em cada residência.

A primeira companhia que comprou sua idéia vendeu cinco mil jogos no primeiro ano. A Parker Brothers comprou mais tarde o jogo, melhorou o marketing, e hoje vinte mil jogos são vendidos toda semana.

A disposição de Darrow de investigar novas possibilidades resultou no jogo de tabuleiro mais popular dos Estados Unidos — o Monopólio®.

E o jovem vendedor a quem a Hookless Fastener Company perguntou como seria possível aumentar a venda dos zíperes? Ele sugeriu que substituíssem os botões da braguilha das calças dos homens por zíperes. Essa idéia pouco convencional quase foi descartada. Uma experiência de vendas convenceu os céticos, e a idéia se tornou o padrão na indústria do vestuário.

A discussão das novas possibilidades baseadas num modo diferente de pensar não estaria completa sem que falássemos de George de Mestral. Enquanto tirava com a escova os carrapichos presos à sua calça de lã e ao pêlo do seu cachorro, George de Mestral ficou curioso com relação à tenacidade dos carrapichos. Ele observou atentamente os carrapichos debaixo de um microscópio e pôde ver centenas de minúsculos ganchos entranhados num emaranhamento de lã e pêlo. Anos mais tarde, ele estabeleceu uma ligação e o fecho Velcro® foi inventado. George de Mestral examinou um antigo problema com novos olhos. Ele formulou novas questões e procurou outras possibilidades. Einstein teria ficado orgulhoso.

O dr. Michael LeBoeuf oferece o seguinte conselho: "Não deixe que outras pessoas definam o seu potencial criativo. Ninguém, nem mesmo você, sabe o que você é capaz de fazer ou imaginar."

Alguns psicólogos estudaram durante três meses as características das pessoas criativas numa pesquisa sobre a criatividade. A educação, os antecedentes familiares e uma série de preferências pessoais foram considerados como possíveis variáveis. No final, eles constataram que um único fator comum determinava a criatividade de uma pessoa — a atitude. Trocando em miúdos, as pessoas criativas acham que são criativas.

O potencial criativo é uma das grandes ferramentas que Deus nos deu. O quanto desenvolvemos esse dom depende da nossa atitude diante dele. Ninguém sabe ao certo o que é capaz de realizar, e nisso repousa a emoção.

Os inovadores nem sempre têm idéias novas e radicais. Em vez disso, eles observam atentamente o mundo que os cerca. Eles se apropriam das idéias existentes e as reconsideram para resolver problemas e criar oportunidades inusitadas. Alimente a originalidade e você descobrirá novas fronteiras.

## A SOLUÇÃO CRIATIVA DOS PROBLEMAS

*Devemos ter sempre na cabeça um canto livre e aberto, no qual podemos recolher, ou alojar enquanto passam, as idéias dos nossos amigos. É realmente insuportável conversar com homens cujo cérebro é dividido em escaninhos totalmente ocupados nos quais nada que venha de fora consegue penetrar.*

JOSEPH TOUBERT

O zelador de uma escola de segundo grau estava ficando cada vez mais frustrado com um grupo de meninas travessas que passavam batom nos lábios e depois pressionavam a boca contra o espelho dos banheiros. No meio da manhã, todos os dias, marcas de batom adornavam os espelhos de todos os banheiros.

O zelador foi se queixar à diretora da escola, que decidiu fazer uma demonstração inusitada para desencorajar o comportamento das alunas. Ela reuniu as meninas no banheiro e foi ao encontro delas acompanhada do zelador. Ela explicou às garotas que aquele comportamento era inadequado e ressaltou o trabalho adicional que o zelador estava tendo para limpar os espelhos. Para demonstrar como era difícil remover as marcas de batom, ela pediu ao zelador que mostrasse às meninas o que ele precisava fazer para limpar os espelhos.

Ele pegou um esfregão que estava dentro do balde, mergulhou-o na privada mais próxima e passou-o no espelho.

Os espelhos da escola nunca mais tiveram marcas de batom.

# O SUCESSO ESTÁ LOGO DEPOIS DA CURVA

Walter Payton é considerado um dos maiores *running backs*\* profissionais do futebol americano de todos os tempos. Numa segunda-feira à noite, durante uma partida de futebol entre os New York Giants e os Chicago Bears, os locutores teciam os maiores elogios a Payton. "Imaginem só", comentou um locutor, "que ele acumulou mais de quinze quilômetros em distâncias corridas em sua carreira." Um outro locutor rapidamente respondeu: "Exatamente, e isso com alguém derrubando-o a cada quatro metros!"

"Na vida ou no futebol", comentou Rush Limbaugh, "os *touchdowns*\*\* raramente acontecem em incrementos de setenta metros. Geralmente isso ocorre a cada três metros e uma nuvem de poeira." Walter Payton, um *running back* indubitavelmente bem-sucedido, levantou algumas nuvens de poeira. Ele sabe que todo mundo — até mesmo os melhores jogadores — é derrubado. A chave do sucesso é levantar e correr ainda mais na vez seguinte. Isso se chama perseverança, tenacidade e coragem.

> *Nunca desista nesse momento, porque é exatamente nesse lugar e hora que a maré vai mudar.*
>
> HARRIET BEECHER STOWE
>
>

---

\* Jogador que ocupa posição de ataque no futebol americano. (N.T.)
\*\* A pontuação máxima do futebol americano. (N.T.)

A tenacidade é a maravilhosa qualidade que faz com que os escritores continuem a escrever, os artistas a pintar, os atletas a competir e o restante de nós a seguir em frente. As pessoas bem-sucedidas persistem mesmo quando dizem que elas jamais conseguirão o que querem. Malcolm Forbes, que foi redator chefe da revista *Forbes* e uma das pessoas mais ricas dos Estados Unidos, não conseguiu fazer parte da equipe do jornal da faculdade quando era aluno de Princeton.

O sonho de Walt Disney era revolucionar a indústria do entretimento. Ele foi à falência duas ou três vezes, teve seu equipamento confiscado por falta de pagamento, sofreu um esgotamento nervoso e implorou empréstimos adicionais até que finalmente as coisas ficaram mais calmas para ele, no final dos anos 60. Inserida em cada criação Disney existe a história da incrível tenacidade e perseverança exibida por Walt Disney diante de desalentadoras calamidades. Talvez ele tenha escutado as palavras da cantora Ella Fitzgerald: "Não desista de fazer o que você realmente quer fazer. Não creio que algo possa dar errado onde existe amor e inspiração."

Seu nível de persistência em meio à dificuldade, aos obstáculos e à adversidade é um medidor preciso do quanto você acredita em si mesmo. As pessoas de sucesso compreendem a necessidade de enfrentar as situações indesejáveis da vida, mergulhar fundo em si mesmas, reunir confiança e depois avançar resolutas. Elas simplesmente não desistem. Não se lamentam ou fazem críticas depois que as coisas acontecem. Compreendem que a jornada produzirá a fadiga física e mental, mas não estão dispostas a se render. Na verdade, elas esperam pagar um preço enorme pelo que conseguirem realizar. Num livro composto por cartas que escreveu para seu jovem filho, intitulado *Mark My Words,* o homem de negócios canadense G. Kingsley Ward conhecido — como no caso das crianças — os dias se tornam uma longa acumulação de experiências."

Ele pode estar certo, mas pense no seguinte: quando nos expomos mais ao que não é familiar, aumentamos nosso repertório do que é familiar. Como podemos nos sentir mais à vontade com o que não é familiar se não nos expusermos mais ao que nos deixa pouco à vontade? Aqueles que se rendem, que fogem ou lutam contra o que os incomoda viverão num constante estado de ansiedade. As experiências limitadas geram uma vida limitada. Se você quiser expandir sua qualidade de vida, estenda o capacho de boas-vindas para os visitantes inesperados e aproveite a visita deles. "Independentemente dos altos e baixos dos detalhes da nossa experiência limitada", afirmou Gregory Bateson, "o todo maior é essencialmente belo." Essa afirmação é verdadeira, a não ser, é claro, que decidamos lamentar os altos e baixos enquanto deixamos de desfrutar o todo maior.

Se você está esperando para viver a vida só quando tudo acontecer do jeito que você quer, eu lhe desejo boa sorte.

Desenvolva uma tolerância cada vez maior com relação aos eventos imprevisíveis que interrompem seu plano mestre, modificam a direção do seu curso e lhe causam surpresas. Aceite a crescente confusão e as mudanças aparentemente sem sentido. Sempre podemos usar o que a vida tem a oferecer perseguindo de um modo pró-ativo as reservas de possibilidades. Imagine que a sua vida tem paredes móveis que se ajustam para se encaixar nas demandas existentes, em vez de paredes fixas que racham quando pressionadas.

A vida não é previsível, no sentido de que traz para você tudo o que você quer, sempre que você quer. Mas, para aqueles que estão dispostos a expandir as dimensões da vida, ela produzirá de um modo previsível experiências não previstas que a tornam mais rica.

que é servido e o aproveitamos da melhor maneira possível. Como disse alguém certa vez: "O verdadeiro prazer da vida é semelhante ao verdadeiro prazer de comer um filé: só o sentimos quando cravamos os dentes nele."

Se a vida é imprevisível, o que podemos fazer a respeito? Boa pergunta. Algumas pessoas simplesmente desistem. Adotam a atitude de que "O que tiver de ser, será", eliminando assim qualquer esforço de tentar mudar ou moldar o que está acontecendo a elas. Resignar-se à idéia de que você não pode fazer nada para melhorar sua vida certamente não é aconselhável.

Que tal mudar as suas expectativas? A realidade é que algumas pessoas têm a tendência de esperar que a vida lhes traga o que elas querem, no momento que elas querem. Aquelas que estão dispostas a ajustar esse tipo de pensamento endossam o discernimento de Kathleen Norris quando ela diz: "Levar a vida é mais fácil do que você imagina: tudo o que você precisa fazer é aceitar o impossível, desistir do indispensável e suportar o intolerável."

Prefiro outra alternativa. Madeleine L'Engle disse: "Quando deixamos de acordar de manhã na expectativa de que o dia vá ser repleto de aventuras, alegrias e perigos e passamos a acordar ao som do despertador, pensando no trabalho árduo que nos espera e dizendo 'Graças a Deus, hoje é sexta-feira', perdemos a confiança sempre renovada, tão encantadora na criança." Aproxime-se do imprevisível com admiração. Sustente a curiosidade e a fascinação infantil com relação a tudo o que você encontrar. Espere o inesperado. Desfrute-o.

Essa atitude é oposta à opinião pública. A maioria de nós concordaria com o que George Gissing escreveu em *The Private Papers of Henry Ryecroft*. Ele afirmou: "É a familiaridade com a vida que faz o tempo passar rápido. Quando cada dia é um passo em direção ao des-

# APRENDA A ESPERAR
# (E DESFRUTAR) O INESPERADO

*Você precisa olhar para cada dia como uma nova oportunidade de mudar alguma coisa com relação à sua vida.*

RICK PITINO

Você alguma vez reparou em como os quadrinhos "Peanuts" podem ser profundos? Adoro a história em que Charlie Brown, no primeiro quadrinho, diz: "Aprendi uma coisa hoje na escola. Eu me inscrevi nos cursos de guitarra folclórica, programação de computadores, vitral, arte, fabricação de sapatos e ainda num seminário de alimentação natural."

O segundo quadrinho mostra-o dizendo: "Tenho aula de ortografia, história, aritmética e dois horários de estudo."

No terceiro quadrinho seu companheiro pergunta: "Então, o que você aprendeu?"

Charlie Brown oferece uma lição prática de vida no último quadrinho: "Aprendi que uma coisa é aquilo em que você se inscreve, e outra é o que você recebe."

Quantas vezes você já ouviu alguém dizer: "A vida não é justa. Eu me matriculei em sucesso, felicidade e realização e obtive desafios, desapontamentos e fracassos. Isso simplesmente não é justo!"

A vida é imprevisível. Não temos à nossa disposição um cozinheiro que prepare nossas refeições à minuta e garanta que tudo o que pedimos seja preparado do jeito que queremos. Às vezes aceitamos o

# PODERIA SER PIOR

✳

*Se a vida fosse previsível,*
*ela deixaria de ser vida*
*e se tornaria insípida.*

**ELEANOR ROOSEVELT**

> *Ninguém tem o direito de vir ao mundo e sair dele sem deixar atrás de si razões claras e legítimas para ter passado por ele.*
>
> GEORGE
> WASHINGTON
> CARVER

voar pelos céus mas que se satisfaz em passear ﹍ flor em flor.

Se você pudesse seguir adiante, olhar para trás e ﹍ vida fantástica e maravilhosa, o que a teria tornado tã﹍ Qual é a razão da sua vida? O que faz a vida valer a pena e﹍ cado, apesar de todos os desafios que você tem de enfrentar.

George Bernard Shaw fez a seguinte reflexão: "A verdadeira a﹍ gria da vida é ser usado para um objetivo que reconhecemos ser grandioso. Ser uma força da natureza em vez de um pequeno torrão agitado e egoísta de aflições e lamentações que se queixa de que o mundo não se empenha em fazê-lo feliz. Sou da opinião de que minha vida pertence a toda a comunidade, e o modo como a vivo é meu privilégio — meu privilégio de fazer por ela o que eu puder fazer. Quero estar totalmente consumido quando morrer, pois quanto mais eu trabalho, mais amor eu sinto. Alegro-me na vida pela própria vida. A vida não é para mim uma vela de curta duração; é uma espécie de tocha esplêndida que seguro no momento e quero fazer que ela brilhe o mais fortemente possível antes de passá-la para as gerações futuras."

...ositivos pessoais que dêem uma direção à sua vi-
...osito racional dela será a mera sobrevivência." O sr.
...anos de idade, estava mais interessado no objetivo que
...ão à sua vida, do que no fato de ele ter "sobrevivido" por
...n século. Ele aprendera a colocar vida na sua vida em vez
...s acrescentar anos a ela.

Não faça disso um tema filosófico. O motivo da nossa vida repousa dentro de cada um de nós, esperando para ser descoberto. De-
dicar-se a um objetivo valioso e esforçar-se para alcançá-lo, um objetivo que transcenda os seus interesses pessoais, é um dos segredos que
dão significado à vida. A identificação e o alinhamento com um propósito acrescenta significado, estabilidade e direção à vida.

Lembro-me freqüentemente de uma experiência que Oliver
Wendell Holmes, juiz do Supremo Tribunal, teve ao se preparar para
embarcar num trem. Holmes não conseguia encontrar sua passagem
e estava procurando desesperadamente por ela para não perder o
trem. O condutor percebeu a frustração de Holmes e disse: "Excelência, se o senhor não encontrar a passagem, o senhor pode simplesmente enviá-la depois pelo correio. Nós o conhecemos e confiamos
no senhor."

Holmes respondeu: "Não estou preocupado com o fato de vocês
receberem ou não a minha passagem. Se eu não a encontrar não vou
saber para onde estou indo." Muitas pessoas querem saber qual o destino delas na vida.

As pessoas que não têm um objetivo são como a jaçanã, um singular pássaro tropical. Ela tem pernas esguias e dedos longos e protu-
berantes que permitem que ela salte sobre as ervas silvestres oscilan-
tes ou perambule sobre as folhas de nenúfar. Eis um pássaro capaz de

# QUAL É O SEU SEGREDO, SR. SMITH?

*Eis o teste para verificar se a sua missão na Terra já terminou. Se você estiver vivo, ela não terminou.*

RICHARD BACH

Willard Scott, do "Today Show", fez certa manhã uma entrevista memorável com um sr. Smith, que estava comemorando seu 102º aniversário. O diferente nessa entrevista eram os acessórios que acompanhavam o sr. Smith. Willard estava tendo dificuldade em fazer que o sr. Smith se concentrasse na entrevista, e não nos vasos de crisântemos e orquídeas que o cercavam.

"Sr. Smith", repetiu Willard, "gostaríamos de saber a que o senhor atribui a sua longa vida." O sr. Smith continuava a chamar a atenção para suas flores. "Esta belezinha só vai florescer daqui a dois anos", disse ele aos telespectadores. Enquanto o sr. Smith tocava as flores, borrifava-as com água e contemplava a beleza delas, Willard fez outra tentativa de descobrir o segredo que levara aquele homem a viver 102 anos. "Qual o segredo da sua longevidade?"

O velho respondeu rapidamente com outra pergunta: "Quem cuidaria destas lindas flores?" Não era exatamente a resposta que Willard Scott estava esperando, mas o sr. Smith transmitiu uma poderosa mensagem.

Richard Gaylord Briley disse: "Se você simplesmente reagir ao que este mundo imprevisível e irracional lança na sua direção, sem ter escreveu o seguinte: "Não conheço ninguém que tenha tido um sucesso após o outro sem abundantes derrotas, fracassos, desapontamentos e frustrações ao longo do percurso. Aprender a superar os momentos de agonia é o que separa os vencedores dos perdedores."

Certo homem desejava ser escritor, mas passou grande parte do seu tempo na marinha dos Estados Unidos escrevendo cartas e relatórios tediosos. Não era exatamente o tipo de coisa que ele queria escrever, mas suas responsabilidades ajudaram a refinar sua habilidade de comunicação escrita. Depois de servir ao país, ele não parou de escrever, mas seus textos foram repetidamente rejeitados. Talvez ele não estivesse destinado a ter seus livros publicados. Foi então que ele obteve um tipo um pouco diferente de rejeição. Em vez da carta padrão normal, ele recebeu um bilhete de estímulo de um editor que dizia: "Boa tentativa."

Esse simples bilhete devolveu a segurança ao homem e lhe ofereceu o que ele encarou como um raio de esperança. Finalmente, após muitos anos de persistência, ele escreveu um livro que afetou substancialmente o mundo. O hoje famoso escritor de quem estou falando é Alex Haley, e seu livro *Roots* foi também transformado numa minissérie da televisão apreciada por milhões de pessoas.

"Erga a cabeça e estufe o peito", disse o reverendo Jesse Jackson. "Você pode conseguir. Às vezes escurece, mas a manhã acaba chegando." A manhã de fato chega, e o sucesso geralmente está logo depois da curva. Se ao menos as pessoas não parassem no meio da rua da adversidade para lamentar a situação em que se encontram ... O sucesso está esperando, mas ele só acolhe o viajante persistente.

> *A persistência é que torna o impossível possível, o possível provável e o provável uma certeza.*
> 
> ROBERT HALF

# RECONHEÇA O VALOR DO BAGRE

Durante o período que passou no deserto, Jesus foi claramente tentado por Satã, que queria convencê-lo a usar seu poder da maneira errada. Quando Satã disse: "Se você me adorar eu lhe darei o mundo", Jesus disse: "Não, obrigado." A seguir, Satã usou uma técnica um pouco diferente: "Sacie a sua fome transformando estas pedras em pão"; uma vez mais, Jesus tranqüilamente respondeu: "Não."

"Atire-se do pináculo do templo", sugeriu Satã, "e teste o seu poder de voltar à vida eterna." Jesus olhou diretamente para Satã e disse: "Não." (Às vezes eu acho que Jesus deveria ter perguntado a Satã: "Que parte da palavra NÃO você não entende?")

De qualquer modo, depois de passar quarenta dias sendo posto à prova no deserto, Jesus emergiu com uma idéia renovada sobre quem Ele era e qual o propósito da Sua vida.

A adversidade tende a revelar nosso verdadeiro caráter. William Penn via as coisas da seguinte maneira: "Sem dor, não existe triunfo; sem espinhos, não existe trono; sem amargura, não existe glória; sem cruz, não existe coroa." O processo purificador da adversidade nos prepara para as vitórias que se seguem.

---

*As pessoas são como saquinhos de chá. Só sabemos se o chá é forte quando colocamos o saquinho na água fervente.*

RITA MAE BROWN

> *A vida não precisa ser
> perfeita para ser bela.*
>
> ANNETTE
> FUNICELLO

Charles Swindoll simplifica este princípio numa história sobre o bacalhau. O bacalhau se tornou muito popular na Nova Inglaterra, e a procura pelo peixe se espalhou pelo país. O problema estava em transportá-lo através dos Estados Unidos. No início, as transportadoras tentaram congelar o bacalhau, mas isso diminuía seu sabor. Elas então experimentaram transportar os peixes vivos em tanques com água do mar, mas, além de perder o sabor, a carne deles ficava mole e se desmanchava.

Um pensador original apresentou uma inteligente solução. O bacalhau foi colocado em tanques com água do mar junto com seu inimigo natural — o bagre. Imagine só a cena. Durante toda a viagem, o bagre perseguia o bacalhau pelo tanque. Pode-se dizer que era uma brincadeira de pegar, e, quando chegavam ao destino, o bacalhau estava tão fresco quanto o que era consumido na Nova Inglaterra. Não ocorria nenhuma perda de sabor ou textura.

Imagine que a adversidade é na sua vida o "bagre" destinado a mantê-lo animado, ativo, em desenvolvimento e num contínuo processo de aperfeiçoamento de caráter. Você então poderá declarar, como Jesus ao sair do deserto: "Eu sou."

Eleanor Roosevelt fez certa vez o seguinte comentário a respeito dos seus encontros com a adversidade: "Eu ganho força, coragem e confiança em cada experiência na qual eu preciso parar e encarar o medo. Eu digo aos meus botões: 'Consegui superar este problema e posso enfrentar o que vier a seguir.' Precisamos fazer as coisas que achamos que não somos capazes de fazer."

Não faço muita questão de ter os "bagres" na minha vida, mas estou começando a apreciar o propósito e a importância deles.

# TRANSPONHA O MURO DA ADVERSIDADE

Ela tinha o controle absoluto da audiência. Duas mil pessoas estavam seduzidas pela sua vibrante personalidade, pela sua distinta presença no palco e pelo poder da sua mensagem. Praticamente nenhum olhar se fixava na cadeira de rodas ou na incapacidade que exigia seu uso. Todos os olhos, ouvidos e corações estavam cativados pela pessoa e pelo desafio que ela enfrentava de tirar proveito das habilidades que lhe foram conferidas por Deus, embora nossas deficiências sejam avistadas com muito mais facilidade.

Joni Eareckson Tada ficou paralítica do ombro para baixo em decorrência de um acidente de mergulho aos 17 anos de idade. Por causa das dificuldades que se seguiram, Joni foi levada a deixar que Deus usasse o seu infortúnio para prestar assistência a pessoas incapacitadas e às suas famílias.

Joni é uma artista (posição que ela conquistou pintando com um pincel ou lápis na boca), escritora, palestrante e música de renome internacional. Sua intervenção e seus talentos ajudaram o mundo a compreender que as deficiências são apenas desafios a serem enfrentados e vencidos com a graça de Deus.

"Podemos tomar a decisão de deixar nossas provações nos esma-

> *Não se mede o sucesso em função do que o homem conquista, e sim da oposição que ele encontrou e da coragem com a qual ele sustentou a luta contra desigualdades esmagadoras.*
>
> CHARLES LINDBERGH

garem", escreveu Helen Keller, "ou podemos convertê-las em novas forças do bem."

As novas forças do bem de Joni se estenderam pela Europa oriental e ocidental, bem como por outras partes do mundo. Ela é um exemplo de alguém que aprendeu a transformar uma adversidade física numa bênção e num desafio para todos os que deparam com seus talentos.

Enfrentar diretamente as dificuldades pode ser o trampolim para a criação da eficácia pessoal. Joni descobriu que, sem sua incapacidade, talvez nunca tivesse descoberto seus talentos mais profundos. Ela decidiu usá-los em vez de sucumbir ao mal que a acometeu.

O dr. Michael LeBoeuf acredita no seguinte: "A adversidade é uma experiência, e não o último ato."

No último dia da pré-temporada de beisebol da primavera de 1979, Steve Kemp, *left fielder** dos Tigers de Detroit, levou uma bolada na cabeça e foi levado às pressas para o hospital.

Será que esse terrível evento iria afetar o desempenho de Kemp em campo? Será que o pesadelo daquela bolada desastrosa o perseguiria para sempre? Somente o tempo iria dizer.

Kemp entrou em campo confiante no dia da abertura da temporada regular. Seu primeiro *at-bat* gerou um *single*, e seu *at-bat* seguinte foi acompanhado de um *home run*. A pergunta havia sido respondida.

Após o jogo, durante uma entrevista, Kemp fez o seguinte comentário: "Depois que fui atingido, eu disse para mim mesmo: 'Não posso deixar isso me afetar . ... Se eu deixar, vai ser ruim para mim e para o meu time.'"

---

\* Jogador responsável por cobrir a área esquerda do campo. (N.T.)

O muro da adversidade bloqueia o caminho que conduz à realização quando é visto como uma barreira intransponível com conseqüências para toda a vida. Nada pode estar mais distante da verdade. Podemos transformar uma tragédia em triunfo se a encararmos como um bloqueio temporário na estrada, e não como uma condição permanente.

Poderíamos dizer que somente aqueles que perseveram diante dos desafios podem esperar ascender a um novo patamar. As montanhas foram projetadas para nos estimular a atingir alturas mais majestosas.

O professor da Bíblia Warren Wiersbe conta a história de um menino que estava conduzindo a irmã mais nova por uma trilha íngreme na montanha. A subida era árdua, pois o caminho era cheio de pedras. Finalmente, a menina, exasperada pela dificuldade do aclive, disse para o irmão: "Isto não é um caminho de verdade. Ele é cheio de pedras e calombos." "É verdade", respondeu o irmão, "mas é nos calombos que nos apoiamos para subir."

Em seu livro *Enthusiasm Makes the Difference,* Norman Vincent Peale escreveu as estimulantes palavras: "Sem lutar, como uma pessoa poderia se tornar equilibrada, amadurecida e forte? Os problemas e o sofrimento não só são inevitáveis como também encerram um propósito criativo definido. Gradualmente aprendemos a encarar as dificuldades como uma parte do processo de amadurecimento. Assim, quando as coisas ficarem difíceis, assuma a atitude de que os pontos ásperos estão sendo eliminados. De que você está sendo moldado para o verdadeiro propósito da sua vida. Por mais dura e desagradável que seja a dificuldade, ela é a origem de um possível desenvolvimento."

> *Você precisa jogar com as cartas que recebe. Elas podem ser dolorosas, mas mesmo assim você joga com elas. Eu joguei com elas.*
>
> JAMES BRADY

Uma vida destituída de dificuldades reduziria todas as possibilidades a zero. Eliminaria os desafios e a tensão necessária à produção simplesmente não existiria. Temos a tendência de querer eliminar os problemas, mas eles aguardam nossa disposição de conquistar.

A vida pode ser uma luta. As recompensas estão reservadas para aqueles que enfrentam diretamente as dificuldades, se esforçam para vencê-las e finalmente as superam, avançando então para o desafio seguinte. No final compreendemos que só podemos alcançar o sucesso com luta. Não existem atalhos. As realizações que realmente valem a pena na vida têm lugar quando vencemos com coragem as dificuldades. O seu desenvolvimento é diretamente proporcional ao tamanho do problema que está dificultando seu avanço.

# VIVA PARA APRENDER E APRENDA PARA VIVER

✳

*Crescer e aprender são experiências normais e saudáveis. Ambas estão relacionadas com um processo ... e esse processo é às vezes doloroso, com freqüência lento e de vez em quando francamente horrível! É como dar três passos à frente e dois atrás.*

**CHARLES R. SWINDOLL**
*Three Steps Forward, Two Steps Back*

# É PROIBIDO ACOMODAR-SE

> *Existem dois tipos de pessoas: as que precisam que as coisas lhes sejam explicadas e as que descobrem tudo sozinhas.*
>
> TOM CLANCY

Fast food. Troca de óleo em dez minutos. Caixa Eletrônico. Revelação de fotos em uma hora. Lavagem a seco em uma hora. O estilo de vida de hoje está saturado de coisas instantâneas. Hoje em dia a vida chega até nós como um raio — rápida, sem aviso prévio. Mas a velocidade da vida contém incríveis possibilidades para as pessoas que estão preparadas.

O comentário de Charles Swindoll de que crescer e aprender é às vezes como dar três passos à frente e dois atrás fornece uma imagem visual precisa da dificuldade de nos mantermos em dia. Não conseguimos fazer tudo tão rápido quanto o mundo está se movendo. A busca do sucesso exige que você escolha com cuidado os três passos que dará à frente, baseando-se no que é mais necessário para se manter atualizado. Avance então, decidido, nessa direção. Uma coisa é certa: acomodar-se não é uma opção.

Em vez de desperdiçar tempo querendo abarcar o mundo com as pernas, tentando ser tudo para todo mundo, determine suas prioridades. Analise o seu emprego. Que responsabilidades produzem os melhores resultados? Principie por aí e comece a identificar maneiras de melhorar constantemente. Você alcançará resultados mais impressionantes se se tornar 10% melhor em dez áreas do que se ficar 100% melhor em uma área ou 1% melhor em cem áreas.

É preciso investir continuamente no desenvolvimento pessoal para continuar a ser um profissional equilibrado, eficiente e de vanguarda. Quantos livros você leu no ano passado? Quantos periódicos profissionais, revistas educacionais ou serviços de aprendizado pela Internet você examina sistematicamente? De quantos seminários você participou e quantos cursos você fez depois de formado? Você tem um mentor que o estimula, lhe apresenta desafios e oferece orientação para o seu desenvolvimento? Quando você se dedica a um regime de crescimento acelerado, sua probabilidade de sobrevivência, satisfação e sucesso aumenta.

O nível de aptidão que o ajudou a chegar aonde está não será suficiente para conduzi-lo ao futuro. Nem mesmo dez, vinte ou trinta anos de experiência garantem que você continuará a entregar as mercadorias que o mundo espera receber. Seu índice de crescimento precisa ser igual ou maior do que o índice de mudança. O investimento nas esferas espiritual, financeira, social, mental, física, familiar e profissional é um pré-requisito para que você libere seu potencial e valorize sua empresa.

Cullen Hightower disse o seguinte: "O corpo humano foi feito para andar, correr ou parar; ele não foi projetado para se acomodar." É bom saber disso, porque o movimento e o desenvolvimento constantes são a maneira universal de agir de hoje. Torne-se um pouco melhor hoje do que você era ontem. Continue a se movimentar. Continue a avançar. Essa atitude o conduz para mais perto do seu potencial e o prepara para as mudanças aceleradas dos nossos dias.

# SEJA CURIOSO

*Somente os curiosos aprenderão, e apenas os resolutos superarão os obstáculos ao aprendizado. O quociente de busca sempre me estimulou mais do que o quociente de inteligência.*

EUGENE S. WILSON

O aprendizado contínuo não acontece por acaso. Você precisa se dedicar a ele com persistência. A curiosidade é uma qualidade humana que proporciona oportunidades preciosas. William A. Ward acreditava no seguinte: "A curiosidade é o pavio da vela do aprendizado." Acho que poderíamos dizer então que sem a curiosidade, a vela do aprendizado deixa de existir.

Para a pessoa interessada, as experiências da vida estão cheias de inúmeras possibilidades de expansão do conhecimento. Você precisa colocar a mente no modo de aprendizado para tirar vantagem dessas situações.

O texto que se segue é de autoria de Portia Nelson e se intitula "Autobiografia em cinco curtos capítulos":

- Capítulo 1 — Caminho pela rua. Há um buraco fundo na calçada. Caio nele. Estou perdida . ... Estou indefesa. Não é minha culpa. Levo um tempo enorme para conseguir sair.

- Capítulo 2 — Caminho pela mesma rua. Há um buraco fundo na calçada. Eu finjo que não o vejo. Caio nele de novo. Não consigo acreditar que estou no mesmo lugar, mas não é minha culpa. Ainda levo muito tempo para conseguir sair.

- Capítulo 3 — Caminho pela rua. Há um buraco fundo na calçada. Eu vejo que ele está ali. Mesmo assim caio nele ... É um hábito. Meus olhos estão abertos. Eu sei onde estou. É minha culpa. Eu consigo sair imediatamente.

- Capítulo 4 — Caminho pela mesma rua. Há um buraco fundo na calçada. Passo ao redor dele.

- Capítulo 5 — Caminho por outra rua.

O poeta Archibald MacLeish disse certa vez: "Só existe uma coisa mais dolorosa do que aprender com a experiência: é não aprender com a experiência."

Quantas experiências você repete diariamente sem nunca perguntar por que está fazendo isso? Quais as maneiras habituais de fazer as coisas que impedem você de escapar da sua zona de conforto do aprendizado? Em que buracos você cai repetidamente por não ter pensado na possibilidade de seguir por outra rua?

Se você quer expandir as dimensões da sua vida, é preciso que você sinta o desejo insaciável não apenas de expandir a sua experiência, mas também de permitir que sua curiosidade reprimida descubra mais coisas.

Minhas viagens como orador profissional me oferecem amplas oportunidades de expandir minha curiosidade. O profundo Yogi Berra disse certa vez: "Podemos observar muitas coisas apenas prestando atenção." Prestar atenção tornou-se uma das minhas formas prediletas de entretimento e fonte de um interessante aprendizado. Sinto curiosidade a respeito de algumas coisas que não são necessariamente importantes, mas elas mantêm minha mente em atividade, pensando e investigando.

Por exemplo, por que os fabricantes de aeronaves não usam na construção dos aviões o mesmo material que usam na fabricação da notória caixa preta? Por que o banco traseiro de 80% dos táxis do país é duro como pedra? Por que os carros carregam pneus sobressalentes, mas não carregam baterias e nem mesmo correias sobressalentes? Quem teve a idéia maluca de economizar nos saquinhos de enjôo dos aviões?

Na condição de pai de dois filhos, fiz repetidamente uma pergunta na época do Natal. Por que os fabricantes de brinquedos não incluem as pilhas nos brinquedos? Outra das minhas perguntas prediletas: Quem decidiu que 80% dos brinquedos não devem vir montados da fábrica?

Viajar pelas estradas da região rural dos Estados Unidos pode até ser esclarecedor. Fui criado trabalhando na fazenda do meu avô, mas nunca questionei uma infinidade de interações cotidianas com a vida na fazenda.

Por exemplo, por que as vacas ruminam, ou seja, mastigam o bolo alimentar? Aliás, o que é o bolo alimentar? E por que elas passam tanto tempo mastigando-o? Bem, fiquei curioso.

As vacas primeiro enchem o estômago com grama e outros alimentos. Em seguida elas se acomodam para dar uma boa, longa e agradável mastigada. Elas trazem a comida de volta do estômago e voltam a mastigar o que já comeram, voltando a experimentar as qualidades do alimento e transformando-o num leite gordo.

Mastigar o bolo alimentar — um processo de meditação sobre transformar alfafa num leite nutritivo. Talvez não seja a coisa mais estimulante que você aprendeu nesta semana, mas é divertido e gratificante ampliar a sua perspectiva com relação às experiências mais simples da vida.

Alguns temas adicionais despertaram recentemente a minha curiosidade. Por que trancam o banheiro nos postos de gasolina? Não creio que ninguém vá invadi-los e limpá-los. Por que anunciam a interrupção do fornecimento de energia elétrica na televisão? Existe outra palavra para sinônimo? Por que a palavra "abreviação" é tão comprida?

Você ficará impressionado ao descobrir como esses pensamentos curiosos possibilitarão que você expanda os seus horizontes.

*No final, é importante lembrar que não podemos nos tornar o que precisamos ser continuando a ser o que somos.*

MAX DEPREE

# VOCÊ É BEM INFORMADO?

*O que é um expert em um assunto? Li em algum lugar que, quanto mais o homem sabe, mais ele sabe que não sabe. Assim sendo, suponho que a definição do expert em um assunto seja alguém que não admite em voz alta que sabe o suficiente a respeito do assunto para saber que na verdade não sabe muito.*

MALCOLM FORBES

✳

Você talvez conheça o trabalho do professor Herb Dordick, da Annenberg School of Communications da University of Southern California. O professor Dordick divide as pessoas em duas categorias: a primeira é a das pessoas que estão "sendo informadas" e a segunda é a das pessoas que estão "se informando".

Os 10% da população que estão "se informando" correm ativamente atrás de novas informações. Segundo o professor Dordick, os que "estão sendo informados" são os que são inundados por informações e não têm nenhuma estratégia para separar o ruído e a desordem do que é útil, importante e que alimenta a máquina inovadora delas.

"Informar-se" e manter-se informado gera um conhecimento que, quando aplicado, traz recompensas substanciais. O conhecimento é o vínculo entre os problemas e as soluções. Ele fornece uma ponte que nos permite ir das possibilidades às invenções, das idéias às descobertas, da ação aos resultados.

Charlie Steinmetz era um engenheiro elétrico bem informado. Ele conhecia o seu trabalho. Quando os geradores de Henry Ford em Dearborn, no estado de Michigan, sofreram um colapso, o sr. Ford sabia que a conseqüente paralisação da produção poderia gerar resultados desastrosos. Os eletricistas da empresa não conseguiram resolver o problema, de modo que ele entrou em contato com seu amigo Charlie.

Steinmetz percorreu a fábrica e investigou o problema. Ele fez consertos aqui e ali. Os empregados de Ford puseram em dúvida o suposto gênio eletrônico dele. Com efeito, eles se dirigiram a Henry Ford dizendo: "Esse cara não sabe o que está fazendo. Ele apenas anda pela fábrica fazendo pequenos consertos." Ford garantiu a eles que Charlie sabia o que estava fazendo.

Charlie voltou à fábrica na manhã seguinte e continuou a fazer seus consertos. Ele foi até os geradores, ligou o interruptor, e as máquinas começaram a funcionar. Em poucos minutos, tudo estava de volta ao normal. Os empregados de Ford estavam boquiabertos, sem acreditar no que estavam vendo.

Steinmetz enviou a Ford uma conta de 10 mil dólares. Ford entrou em contato com ele e perguntou: "Charlie, você é um excelente amigo, mas dez mil dólares não é uma quantia um pouco elevada para alguns consertinhos?"

Charlie respondeu de imediato: "Só estou cobrando dez dólares pelos consertos, mas estou cobrando 9.990 por *saber* onde fazer os consertos."

Somos todos como Charlie Steinmetz. Nosso valor se baseia no que sabemos e na nossa capacidade de pôr em prática o que sabemos. Obter informações, ser instruído e aumentar o desejo e a capacidade de aprender são de extrema importância neste mundo, que está passando por grandes mudanças. Na ausência desse estilo de vida, nos tornamos um mero custo, um simples passivo.

Robert Heller sugeriu na revista *Super Manager*: "Aprenda o mais rápido possível o que você não sabe." Se você quiser evitar ser vítima

> A expressão que indica aprendizado em chinês é formada por dois símbolos: um representa o estudo, e o outro, a prática constante. Desse modo, não podemos pensar em aprender sem pensar em praticar constantemente.
>
> PETER SENGE

das condições que estão se modificando, procure se equipar com algo mais do que um conhecimento superficial de informações semiúteis. Descubra o que você precisa aprender e desaprender para garantir a sua sobrevivência.

Você tem o conhecimento necessário para tomar decisões bem fundamentadas? Você se esforça continuamente para entender as informações específicas necessárias para agir da maneira adequada e produzir os resultados desejados? Você tem o forte desejo de ser um especialista na sua área? Você tira proveito das situações capazes de desenvolver o seu discernimento e a sua capacidade? Essas são as habilidades coletivas das pessoas capazes de permanecer na vanguarda.

O filósofo Goethe fez a seguinte reflexão: "Todo mundo pode adquirir o conhecimento que eu tenho, mas o meu coração só a mim pertence". As informações desprovidas da ambição de aplicá-las são como um pássaro sem asas. Elas são apenas um requinte incapaz de produzir o que é necessário. Procure compreender que a diferença entre as pessoas que se desenvolvem e vivem a vida com entusiasmo e as pessoas que ficam estagnadas é freqüentemente o empenho das primeiras em aplicar o que sabem.

Esta análise não tem a intenção de sugerir que você deve saber tudo que existe a respeito de tudo. Theodore Roosevelt contou a encantadora história de um homem de negócios que havia procurado um advogado para obter um parecer jurídico. Ele narrou sua experiência certo dia enquanto tomava café com um amigo.

"Por que gastou com um advogado o dinheiro que você tanto custa a ganhar?", perguntou o amigo. "Os livros nas prateleiras do escritório dele contêm todas as respostas de que você poderia precisar. Por que você simplesmente não leu o livro certo e descobriu por si mesmo a resposta? Teria economizado muito dinheiro."

"É verdade", retrucou o homem de negócios, "mas a diferença é que o advogado sabia em que livro e em que página estava a resposta."

Fico feliz com o fato de que o conhecimento de outras pessoas pode me ajudar em algumas áreas da minha vida. Não sei consertar a torneira da cozinha, regular o freio do carro nem preencher o formulário de declaração do imposto de renda. Mas contrato os serviços de pessoas que sabem o que estão fazendo e são consideradas especialistas em suas respectivas áreas. Seria impossível eu adquirir numa única vida todo o conhecimento existente no mundo. É por isso que é tão importante para mim permanecer concentrado nas informações que posso aplicar no meu campo específico de ação. Desse modo, os outros podem depender de mim no que diz respeito à minha especialidade.

Precisamos nos dedicar à idéia de nos tornarmos eternos aprendizes. Temos que procurar continuamente recursos e pessoas dispostas a compartilhar seu conhecimento. Não existe o dia da formatura para aqueles que querem crescer e prosperar.

"Tudo isso é ótimo e maravilhoso", você diz. "Mas eu não tenho tempo para ler livros, ouvir fitas e freqüentar seminários." Esse também era o caso de John Wesley. Mas a sua paixão por ler era tão intensa que ele tornou a leitura parte da sua programação. Ele lia principalmente quando estava andando a cavalo. Wesley percorria entre oitenta e 150 quilômetros por dia com um livro apoiado na sela ... e conseguiu ler durante a vida milhares de volumes. Você precisa de mais argumentos? Torne-se uma esponja. Absorva e sugue tudo o que puder.

"Quanto mais eu envelheço", disse Abraham Lincoln, "mais percebo que existe apenas uma única riqueza, uma única segurança nesta terra, e ela está na capacidade da pessoa de executar bem uma tarefa. E, acima de tudo, essa capacidade precisa começar com o conhecimento." Informe-se!

## ESTIMULE O SEU
## ESPÍRITO INOVADOR

*Nada restringe mais a realização do que a limitação do pensamento; nada expande mais as possibilidades do que a imaginação desatrelada.*

WILLIAM
ARTHUR WARD

✳

O importante inventor Jerome Lemelson é responsável por máquinas como o aparelho de fax, o videocassete, o telefone sem fio e o gravador cassete. Ele é a quarta pessoa na história dos Estados Unidos em número de patentes obtidas e emprega seu sucesso inovador na contínua busca de problemas para resolver. Ele também é um prolífero fazedor de perguntas. Quais são as suas perguntas prediletas? "Esta é a melhor maneira de fazer isto? Será que existe uma maneira melhor?"

Antes de Dick Fosbury surgir no cenário do salto em altura, a maneira convencional de os atletas saltarem sobre a barra era com um salto à frente.

Fosbury apresentou ao mundo uma técnica bem diferente nas Olimpíadas de 1968, realizadas na Cidade do México. Ele deu quatro ou cinco passadas largas e saltou. Em seguida, em pleno ar, ele fez uma coisa que nenhum atleta olímpico jamais fizera. Virou de costas para a barra e passou por cima dela. Seu salto de 2,24 metros se tornou o novo recorde olímpico, e o "Fosbury Flop" passou a ser o padrão. Ele descobriu uma maneira melhor de fazer o que queria por deixar de imitar o que os outros tinham feito antes.

Pare de aceitar as coisas como elas são. Precisamos repensar e possivelmente reinventar tudo o que fazemos. Trata-se de uma questão de sobrevivência neste mundo acelerado e em constante modificação. Questione as regras, as tradições e o conformismo que dificultam a inovação. Comece por perguntar: "O que fazemos atualmente que poderíamos deixar de fazer?" "Temos alguma coisa de que não precisamos?" "O que não estamos fazendo que deveríamos começar a fazer?" "Precisamos de alguma coisa que não temos?"

"Isso tudo parece ótimo", você diz, "mas eu não tenho o treinamento suficiente para conseguir fazer isso." Alguns dos empresários mais bem-sucedidos do nosso país não sabiam nada a respeito do negócio que começaram. Uma enorme quantidade de artistas famosos não sabia desenhar. Existem músicos que não sabem ler uma pauta.

Pense nos Beatles. Eles produziram mais de 170 músicas e tomaram de assalto o cenário musical do planeta. Ao mesmo tempo, seus discos eram responsáveis pela incrível fatia de 60% das vendas de discos nos Estados Unidos. Eis a ironia. John Lennon e Paul McCartney não sabiam nem ler nem escrever músicas. É impressionante. Não pense que você não pode criar algo de valor apenas por não ter a instrução ou o treinamento necessários. Na verdade, você provavelmente terá uma vantagem inicial.

Aprenda a promover idéias novas colocando-se em situações de aprendizado. O gênio floresce na originalidade. Os especialistas tendem a pensar de maneira estruturada, o que inibe sua engenhosidade. O pensamento inovador começa quando você esquece ou deixa deliberadamente o pensamento convencional em banho-maria. O fato de você desaprender o que aprendeu permite que sua mente funcione livremente.

Pode ser uma experiência divertida e proveitosa você iniciar a próxima semana como os personagens da série da televisão "3rd Rock from the Sun". Assista a algumas reprises. O autor sem dúvida trata a maneira aceita pelos terráqueos de fazer as coisas a partir do ponto de vista ridículo dos alienígenas do espaço. Eu aprecio a ingenuidade destes últimos, a disposição deles de questionar tudo e a maneira de agir deles, como se não tivessem idéia do que é normal.

Procure olhar para as coisas a partir de uma nova perspectiva. Pense como um iniciante, desprovido de toda e qualquer idéia pre-concebida a respeito de como as coisas deveriam funcionar, o lugar em que cada coisa deveria se encaixar e como as tarefas simples da vida deveriam ser executadas.

Você ficará impressionado ao constatar que pode se tornar um especialista inovador se agir como um principiante. Talvez você também descubra coisas maravilhosas a respeito de si mesmo, do seu potencial e do mundo que o cerca.

# ASSUMA O COMANDO DO SEU FUTURO

✳

*Nossa perspectiva limitada, nossas esperanças e temores se tornam o padrão de medida da nossa vida, e, quando as circunstâncias não se encaixam nas nossas idéias, elas se tornam as nossas dificuldades.*

BENJAMIN FRANKLIN

# A VIDA

# É VIDA

*A verdadeira maturidade só chega quando você finalmente se dá conta de que ninguém virá salvá-lo.*

AUTOR
DESCONHECIDO

Eu vivo de acordo com um conjunto simples de princípios operacionais que naturalmente contribuem para uma saúde mental contínua e positiva. O que você vai ler a seguir não é profundo, mas é importante. *A vida é vida.*

A vida não é boa. A vida não é má. A vida é vida. Ela encerra tanto experiências positivas quanto experiências indesejáveis. A vida se renova e me aguarda todos os dias cheia de possibilidades e obstáculos. No fim do dia, freqüentemente reflito sobre o que aprendi e sobre a dor periódica que tive de suportar. A vida é vida.

Na essência da raiva que sentimos da vida está a nossa relutância em aceitar a vida como ela é, até mesmo quando ela segue uma direção diferente da que esperávamos. Para que seja possível manter uma perspectiva saudável, é interessante compreender os sete requisitos necessários para a saúde mental elaborados por Abraham Maslow:

1. **Assuma a responsabilidade pelos seus sentimentos e até mesmo pela sua felicidade.** Nunca entregue a propriedade ou o controle dos seus sentimentos a outra pessoa. Quando você se recusa a admitir o fato de que seus sentimentos são seus e de mais ninguém, só *você* é enganado e magoado.

**2. Pare de culpar os outros pelos seus defeitos, desapontamentos e sofrimentos.** Quando avalia todas as coisas boas que acontecem na sua vida, quem você acha que é responsável? Reflita agora sobre os seus defeitos, desapontamentos e sofrimentos. Quem os causou? É muito fácil aceitar o mérito pelos resultados positivos e passar adiante a responsabilidade sobre o que nos desagrada. Você acha que isso é justo?

O dia em que paramos de arranjar desculpas e nos declaramos responsáveis por tudo o que nos acontece é o dia em que podemos começar a descarregar o lixo do passado.

**3. Enfrente as conseqüências, mesmo quando as suas tentativas e os riscos que você corre produzem os piores resultados.** Barbara Tuchman, que ganhou duas vezes o prêmio Pulitzer, disse o seguinte: "Assumir a responsabilidade pelo nosso comportamento, nossas despesas e nossas ações, sem ficar eternamente achando que a sociedade tem que nos perdoar porque 'não é nossa culpa', é a qualidade mais necessária neste século."

**4. Procure descobrir todos os recursos interiores que você tem à sua disposição, mesmo que a descoberta de si mesmo seja às vezes dolorosa e difícil.** É preciso coragem para trazer à luz os verdadeiros sentimentos que temos com relação a nós mesmos. Quando reconhece os talentos que tem, os valores que você defende e as atitudes que norteiam a sua vida, você se coloca numa posição que lhe permite concentrar-se seu desenvolvimento e na realização do seu potencial.

**5. Aja em função dos seus sentimentos, e não da aprovação dos outros — mesmo que isso signifique às vezes entrar em conflito com pessoas importantes para você.** Thomas Jefferson disse certa vez: "Nos assuntos de gosto, siga a corrente; nas questões de princípio, mantenha-se firme como uma rocha." A flexibilidade, a capacidade de seguir a corrente, é um traço admirável da personalidade, a não ser que viole o caráter. Os valores com relação aos quais você faz concessões desintegrarão a sua integridade. Aja de acordo com o que você acha que é certo.

**6. Assuma a responsabilidade por abandonar sua negatividade, parando até mesmo de pegar no seu próprio pé e no pé dos outros.** As coisas sobre as quais pensamos sistematicamente se expandem. Abandonar a negatividade exige a remoção das informações negativas. Tome a decisão de preencher os seus pensamentos e emoções com elementos edificantes. Recuse-se a pensar, remoer ou ser influenciado pelas informações negativas que se esforçam para saturar a sua vida. Liberte-se também das críticas negativas das outras pessoas que atormentam a sua mente.

**7. Sinta compaixão e empatia por você e pelos outros, reconhecendo que ter compaixão é um processo que favorece extremamente a cura.** Aprenda a ser agradável. Respeite as outras pessoas. Escute o que elas dizem. Descubra o que é importante para elas. Preserve a dignidade dos outros. Acrescente alegria à vida das pessoas. Aceite-as pelo que elas são. Pare de criticar. Mostre-se genuinamente interessado na vida dos outros. A vida fica infinitamente mais positiva quando sentimos compaixão e empatia pelas pessoas.

A vida é vida. Mas ela inevitavelmente nos devolve o que investimos nela. Decida o que você quer da vida e comece a colocar nela o que você espera colher mais tarde.

## ESCOLHA A SUA RESPOSTA

Aqueles que se adaptam bem aos tempos em transformação têm um caráter constante que oferece uma base a partir da qual eles fazem escolhas que lhes permitem lidar de maneira eficaz com um mundo que está passando por enormes mudanças. Um espírito de inovação e desenvolvimento pessoal possibilita que eles se adaptem, aceitem e até acolham as mudanças que os cercam sem violar os seus princípios pessoais.

Não podemos negar nem evitar a natureza da nossa cultura em transformação. A mudança faz surgir variáveis desconhecidas na nossa vida e nos nossos planos. Resista à tentação de se envolver com os seus assuntos do dia-a-dia sem prestar atenção ao imprevisível. O simples fato de você "continuar a fazer o que sempre fez" não significa necessariamente que você vá continuar a obter o que sempre obteve. Na verdade, essa atitude não costuma produzir resultados satisfatórios.

Há um palácio da Justiça em Ohio situado num local bastante singular. Quando chove, a chuva que cai ao norte do telhado deságua no lago Ontário e corre para o golfo de São Lourenço. A chuva que cai do lado sul escoa para o rio Mississípi e depois corre para o golfo do México.

*Um grande número de pessoas teme a mudança. Elas se agarram ao sapato a que estão acostumadas, mesmo que ele aperte os dedos do pé, prejudicando a circulação.*

WALLY "FAMOUS" AMOS

O destino dessas gotas de chuva pode ser alterado por uma suave brisa ou uma rajada de vento, o que fará uma diferença de mais de três mil quilômetros no destino final delas. As gotas de chuva não podem escolher o próprio destino. Você pode.

Você tem à disposição exatamente tudo de que precisa para adquirir confiança ao lidar com os ventos da mudança. O princípio mais forte que determina o seu destino final está nas opções que você faz.

Você faz duas escolhas em resposta aos eventos da vida. Primeiro, escolhe um curso para suas ações ou uma resposta mental. Ao fazer isso, você não está escolhendo a resposta oposta. Se optar por lidar de um modo pró-ativo com as circunstâncias, você está tomando a decisão de não permitir que as circunstâncias o controlem. Isso criará resistência interna e produtividade externa.

Segundo, você precisa tomar a decisão de fazer um esforço sincero para transformar essa ação ou resposta em realidade. Essa atitude normalmente exige que você saia da sua zona de conforto e avance em direção ao desconhecido, o que requer que você se disponha a correr o risco de sentir desconforto, a enfrentar os desafios e a recorrer aos seus recursos para tirar o melhor proveito de cada situação.

Este ponto é crítico! Na bela voz de Gloria Estephan: "Selamos nosso destino com as escolhas que fazemos." Controlamos as escolhas que fazemos, e depois as escolhas nos controlam.

É importante dirigir nossas energias para coisas que estão sob o nosso controle, em vez de concentrá-las em questões que não temos como controlar. Muitas pessoas acham mais fácil se concentrar, se preocupar e se queixar de coisas que estão fora do seu controle. Por quê? Porque isso não exige nenhum esforço. Muitas pessoas não querem agir; só querem se lamentar e choramingar. A ação exige muito esforço.

Lembre-se de que você nem sempre pode controlar o que acontece na sua vida. Às vezes você pode, às vezes não. Você sempre pode, contudo, controlar a maneira como encara as coisas que lhe acontecem e o modo como lida com elas. Você pode controlar a sua pressão sangüínea, o seu batimento cardíaco, a maneira como você trata as pessoas, o quanto você se dedica ao seu emprego, quantas vezes você diz aos seus filhos que sente amor por eles e uma infinidade de outras coisas. Você sempre tem algum controle.

Abandone a energia que você está investindo nos eventos que não pode controlar. É perda de tempo. Aceite a realidade da mudança e o fato de que você não pode controlar tudo na vida. Siga em frente, separando os eventos controláveis e incontroláveis da vida, e concentre as suas energias psicológicas na determinação de como você vai lidar com os desvios e as oportunidades da vida.

Nós escolhemos criar a qualidade de cada dia, ou aceitamos uma pena perpétua na qual ficamos mergulhados na tensão, na raiva, no *stress* e no desânimo. A recusa em fazer escolhas cuidadosas quando você está cercado pela mudança possibilita que os acontecimentos moldem e controlem a sua vida. Lamentavelmente, você acabará exausto, tanto física quanto emocionalmente.

Você quer modificar o impacto que a mudança exerce na sua vida? Então mude a maneira como você reage a ela. O filósofo e analista junguiano James Hillman fez a seguinte afirmação: "Insanidade é fazer repetidamente a mesma coisa e esperar resultados diferentes."

> *A vida é uma série de escolhas, e o que você escolhe oferecer hoje à vida determina o que a vida lhe dará amanhã.*
>
> ZIG ZIGLAR

# CRIE UM CREDO DE SUA ESCOLHA

*Existe uma maneira melhor de viver. A escolha! A chave é a escolha. Você tem opções. As pessoas que vivem tristes e se sentem fracassadas nunca exerceram suas opções para um modo de vida melhor porque nunca se conscientizaram de que tinham uma escolha!*

OG MANDINO,
*The Choice*

✳

Gosto dos princípios fortes e simples de entender. O comentário de Og Mandino se encaixa nessa categoria. Ele definiu uma forma melhor de viver com uma única palavra. Escolha! Cheguei à conclusão de que existem três coisas básicas de que eu preciso me lembrar a respeito da vida:

1. **Nem sempre posso controlar tudo o que acontece comigo.** Às vezes eu posso, às vezes não.
2. **Sempre posso controlar a maneira como reajo a qualquer situação.** Sou eu que escolho as minhas atitudes, reações e pontos de vista.
3. **Por conseguinte, sempre tenho certo grau de controle sobre a minha vida.** Embora freqüentemente não possa controlar as circunstâncias, só eu decido como vou reagir a elas.

Essa visão abrangente me levou a criar um "credo de escolha" para a minha vida. É uma forma de eu me lembrar do meu poder de fazer escolhas e agir de acordo com elas. Esse credo me permitiu determinar o meu nível de insatisfação ou satisfação, de frustração ou contentamento, de felicidade ou de dor. Uma luz de advertência se acende quando a minha determinação de manter o meu compromisso fraqueja. Eu sinto que perco o controle, e uma sensação de impotência toma conta de mim.

C. S. Lewis disse: "Sempre que fazemos uma escolha estamos transformando a nossa parte que exerce o controle, a parte que escolhe, em algo um pouco diferente do que era antes. E tomando a nossa vida como um todo, com suas incontáveis escolhas, lentamente transformamos essa parte que exerce o controle numa criatura celeste ou diabólica." Apresento a seguir o meu credo de escolha pessoal, que me ajuda a transformar os meus relacionamentos, a minha vida e a minha carreira numa "criatura celeste".

## CREDO DE ESCOLHA

Escolho me sentir animado e entusiasmado com relação a cada minuto do dia.

Escolho ser ativo, produtivo e sensível a respeito da maneira como uso o meu tempo pela determinação cuidadosa das minhas prioridades.

Escolho concentrar as minhas energias em soluções, respostas e opções, em vez de ser engolido pelos problemas.

Escolho exercer um efeito positivo na vida das pessoas, oferecendo a elas carinho, apoio e estímulo.

Escolho controlar a minha atitude e me esforçar para ver o lado alegre das coisas.

Escolho desenvolver as qualidades e características que produzirão realizações, resultados coroados de êxito e a satisfação pessoal.

Escolho dedicar a cada tarefa o meu melhor esforço e uma energia irrestrita.

Escolho considerar com cuidado a minha reação às pessoas difíceis, críticas e controladoras.

Escolho ser um marido e pai carinhoso e amoroso, determinado a ajudar a minha família a viver da forma mais plena possível.

Escolho me envolver em atividades que me fortaleçam na esfera física, mental, emocional e espiritual.

É claro que não estou tentando sugerir que dominei ou que cumpro com perfeição o meu "credo de escolha". É um desafio cotidiano viver à altura dos padrões que acabo de expor, mas, ao me esforçar por aceitar a responsabilidade pelas escolhas, ações e atitudes da minha vida, estou dando a mim mesmo a chance de determinar a qualidade da minha vida. Quando tomo decisões sensatas, colho resultados positivos. Quando escolho ser vítima das experiências passadas, das circunstâncias atuais ou de outras pessoas, reduzo a esperança de ter uma vida melhor.

Não seja vítima de si mesmo. Determine o que está funcionando na sua vida e o que não está. O que você está fazendo hoje o está levando na direção do que você quer ser amanhã? Não passe os dias com os dedos cruzados, dizendo: "Espero que as coisas melhorem em breve." Faça escolhas baseadas nos seus valores, e não nas circunstâncias ou nos sentimentos. Faça o que é correto, independentemente da maneira como você se sentir. Os sentimentos o acompanharão.

Arnold J. Toynbee disse o seguinte: "Na condição de seres humanos, somos contemplados com a liberdade de escolha e não podemos nos livrar da nossa responsabilidade e colocá-la sobre os ombros de Deus ou da natureza. Cabe a nós assumir essa responsabilidade." Escolha tornar-se tudo o que você é capaz de ser assumindo o compromisso de seguir o seu "credo da sua escolha".

*No final das contas, somos nós que moldamos a nós mesmos e a nossa vida. O processo só termina quando morremos. E as escolhas que fazemos são, em última análise, nossa responsabilidade.*

ELEANOR ROOSEVELT

## INSISTA NA RESPONSABILIDADE INTERIOR

*Minha filosofia de vida é que não só somos responsáveis pela nossa vida como também fazer o melhor possível neste instante nos coloca na posição ideal para o momento seguinte.*

OPRAH WINFREY

A capacidade de aproveitar o futuro depende de nós, e não de outras pessoas. Esse tipo de responsabilidade se torna uma realidade quando finalmente compreendemos que ninguém virá nos salvar. O ponto inicial da responsabilidade pessoal é aceitar a responsabilidade total por quem somos e por tudo o que nos tornarmos.

Eis uma dica que vai dar novo ânimo à sua vida. *Compreenda que ninguém virá salvá-lo.* Sua capacidade de lidar de um modo eficaz com a mudança é diretamente proporcional à sua capacidade de sentir que está no comando da sua vida.

As vítimas impõem o *stress* a si mesmas. Essas pessoas se preocupam com o passado e estão sempre pensando no que deveriam e poderiam ter feito. As vítimas passam o dia com os dedos cruzados, esperando que as coisas melhorem, mas estão convencidas de que nada que fizerem irá mudar sua situação. As vítimas são controladas pelas circunstâncias externas. Elas deixam que outras pessoas controlem sua disposição de ânimo. Trata-se de um estilo de vida criado por uma estrutura mental perdedora.

Sua atitude diante da responsabilidade pessoal é uma das declarações mais importantes que você faz a respeito da pessoa que você é e sobre o grau de controle que você ostenta na vida. Assumir a responsabilidade pelos resultados futuros planta as sementes das emoções positivas. É ótimo ter pessoas à nossa volta que nos estimulam, apóiam, demonstram que gostam de nós e oferecem ajuda; mas nos tornarmos dependentes dos outros gera desapontamento e transforma a mudança numa ameaça. O antigo ditado que diz "Se vem a mim, cabe a mim resolver" é bastante pertinente nesse caso.

A competência, a segurança, a satisfação profissional, a realização pessoal e a saúde emocional são um trabalho interior. Ninguém foi designado para tratar do seu caso e garantir que a sua jornada seja bem-sucedida hoje e no futuro. "Eu sou responsável." Faça essa declaração para si mesmo. Aceite-a como uma realidade e uma linha de estudo e prática obrigatória para o resto da vida.

Não há nenhuma dúvida: a mudança é uma experiência de aprendizado. Mark Twain fez o seguinte comentário: "O homem que segura um gato pelo rabo aprende algo que ele não pode aprender de nenhuma outra maneira." O senhor está certo, sr. Twain, e a mudança também nos obriga a olhar para o cardápio em transformação da vida a partir de uma perspectiva mais madura.

Enfrente com coragem as incertezas da vida. Um mundo repleto de oportunidades o espera. Soltar a pele velha pode envolver dor, lágrimas, suor e fracasso; mas clareia a sua visão e se torna a motivação para que você realize os seus sonhos.

# SOBRE O AUTOR

Glenn Van Ekeren é Vice-Presidente Executivo da Vetter Health Services em Omaha, Nebraska, uma empresa cuja proposta é oferecer "uma vida digna" aos idosos. Como orador profissional, ele é conhecido por sua técnica inspiradora, entusiástica e prática de otimizar o potencial das pessoas e das empresas. Ele escreveu muitos livros, inclusive *12 Segredos Simples da Felicidade* e *12 Segredos Simples da Felicidade no Trabalho*, publicados pela Editora Cultrix.

Você pode obter informações adicionais a respeito dos seminários e sobre Glenn Van Ekeren e outros produtos no seguinte endereço e telefone:

GLENN VAN EKEREN
21134 Arbor Court
Elkhorn, Nebraska 68022
Estados Unidos

Telefone: 1-402-289-4523

**Impressão e Acabamento:**
Gráfica e Editora Alaúde ltda.
R. Santo Irineu, 170 - SP - Fone: (11) 5575-4378